DENNIS WILMS

Klugen Appetit!

Kochen für mehr Power im Kopf

Inhalt

Wie das Thema Demenz mein Leben veränderte

Ich bin Dennis Wilms, TV-Journalist, und vor einigen Jahren hat sich mein Leben elementar verändert. Der Grund: Alzheimer! Meine Mutter erkrankte sehr früh daran und plötzlich war nichts mehr wie vorher. Zu dieser Zeit lebte ich noch in Stuttgart und kam immer mal – wenn es eine Produktionspause bei meinem TV-Sender erlaubte – in meiner Heimatstadt Kiel im hohen Norden vorbei. Natürlich gab es an diesen Tagen immer das obligatorische Abendessen – ganz rustikal in der Küche meiner Eltern.

Dabei fiel mir das erste Mal an meiner Mutter etwas auf, das mich zunächst nur irritierte, dann aber beunruhigte: Meine Mutter fing damit an, mir exakt dieselbe Geschichte mehrfach hintereinander zu erzählen … im Abstand von vielleicht vier oder fünf Minuten. Als ich sie darauf aufmerksam machte, war ihre Antwort: „Weißt du Dennis, bei uns passiert halt nicht viel. Deswegen gibt's bei uns immer dieselben Geschichten."
Zusammen mit ihrem liebevollen Grinsen habe ich das meiner Mutter natürlich zunächst abgekauft. Aber nach einer Weile waren es nicht nur immer dieselben Geschichten, die sie zum Besten gab und die ich mir geduldig anhörte, sondern sie fing an, mir immer dieselben Fragen zu stellen. Auch das oft mit nur wenigen Minuten Abstand.

Zu der Zeit hatte ich schon sieben Jahre wissenschaftliche Sendungen moderiert und natürlich wurde in meinen Sendungen schon einige Male das Thema Alzheimer bzw. Demenz behandelt. In mir begann eine unheilvolle Ahnung zu wachsen. Ich entschloss mich, zuerst mit meinem Vater darüber zu sprechen und ihn zu ermutigen, doch darauf hinzuwirken, dass sich meine Mutter mal bei einem Arzt durchchecken lassen sollte. Nun muss man dazu sagen, dass meine Mutter von Beruf Arzthelferin war und das, was sie selbst immer predigte, nämlich „Geh zum Arzt, lieber früher als später!", immer nur für andere galt, nicht aber für sie selbst. Außerdem – jeder, der sich mit den Anzeichen von Demenz schon einmal beschäftigt hat, wird das wissen – ist das Leugnen der Krankheit bzw. deren Symptome am Anfang selbst ein sehr häufiges und ausgeprägtes Symptom!

»Plötzlich war nichts mehr wie vorher.«

So vergingen also viele Monate, in denen nichts geschah. Ich kam immer wieder zu Besuch, wies darauf hin, wie beunruhigt ich war. Und es machte mich nicht selten wütend, wie wenig meine Eltern sehen wollten, was hier passierte. Alle Anzeichen einer beginnenden Demenz wurden einfach ignoriert.
In ihrer Wahrnehmung wurde ich mehr und mehr zum unbequemen Fragensteller, der seine Eltern bevormunden wollte. Ich selbst verzweifelte zunehmend an der Situation und dem Zustand meiner Mutter.

Es gelang mir auch nicht, durch Einfluss von außen (Freunde, Bekannte, Bücher, Vorträge) meine Eltern dafür zu sensibilisieren, was gerade mit meiner Mutter geschah. Alles ging dann schließlich so weit, dass sich meine Eltern komplett mit mir überwarfen – und den Kontakt zu mir abbrachen. Für insgesamt zwei Jahre. Erst als sowohl mein Vater als auch meine Mutter ans Ende ihrer Kräfte kamen und sich die Krankheit stark verschlimmert hatte, nahmen sie wieder Kontakt zu mir auf. „Verschlimmert" hieß in dem Falle: Meine Mutter wurde aggressiv, verwüstete an manchen Tagen ihr Zimmer, lief sogar weg und musste einige Male von der Polizei nach Hause gebracht werden.

Eines Tages, als es wieder einmal so weit war und mein Vater sich nicht mehr zu helfen wusste, nahm ich von Stuttgart aus Kontakt mit der Polizei in Kiel auf und bat sie, meine Mutter zu suchen und – im schlimmsten Fall auch gegen ihren Willen – in eine Einrichtung zu bringen, in der man ihr hilft.

»Kampf gegen einen unsichtbaren Feind«

Anschließend fanden dann endlich ausführliche Untersuchungen statt. Die eindeutige Diagnose lautete: Alzheimer. In einem Alter von Ende 50! Seitdem lässt mich das Thema Demenz nicht mehr los. Ich recherchierte und sprach beruflich und auch privat mit vielen Experten über diese tückische Volkskrankheit. Tückisch ist Alzheimer deshalb, weil die Veränderungen im Gehirn zu einer Zeit entstehen, in der noch keine Symptome erkennbar sind. Es ist also schwierig, den Kampf gegen einen Feind aufzunehmen, den man noch nicht einmal erahnen kann. Und so kam es, dass ich unbedingt verstehen wollte, was unser Gehirn braucht, um ein Leben lang gesund und leistungsfähig zu bleiben.

Auch aus Sorge, ob ich in ferner Zukunft vielleicht das Schicksal meiner Mutter teilen werde, und ob ich – so gut es heute möglich ist – vielleicht vorbeugend etwas dagegen tun kann. Der Kampf gegen die sogenannte kognitive Degeneration, also das Nachlassen der geistigen Fähigkeiten, wurde zu meinem Steckenpferd. Welche Faktoren begünstigen ein „Schlappmachen" unserer Denkzentrale, welche verhindern es möglicherweise?

Risikofaktoren für Demenz

Obwohl zu diesen Fragen noch viele Antworten offen sind, kennt die Fachwelt einige Faktoren, die sich definitiv sehr ungünstig auf die Fitness die Gesundheit unseres Gehirns auswirken. Einige der wichtigsten lauten: kalorienreiche Ernährung, eine Ernährung mit zu viel tierischem Fett, ein hoher Cholesterinspiegel, ein Mangel an bestimmten Vitaminen (Folsäure etc.), Übergewicht, Rauchen, übermäßiger Alkoholkonsum, Bluthochdruck (unbehandelt), Diabetes (unbehandelt), Bewegungsmangel und wenig Sport und fehlende geistige Anregung.

Was meinen Sie, wie viele dieser Faktoren haben direkt oder indirekt damit zu tun, was täglich auf unseren Tellern landet? Es sind sage und schreibe ACHT. Acht von elf! Ein ziemlich deutliches Ergebnis. Und damit auch der konkrete Hinweis, wo wir selbst vorbeugend etwas tun können! Es gibt klare Hinweise, dass unsere Lebensweise und besonders auch unsere Ernährung mit der Vorbeugung und dem Verlauf einer kognitiven Degeneration zusammenhängen.

»Unser Gehirn und unser Bauch stehen in besonderem Verhältnis zueinander.«

In meinen Sendungen „Planet Wissen", „[W] wie Wissen" oder „Odysso" beschäftige ich mich regelmäßig mit dem Thema Ernährung – vor allem damit, welche positiven Effekte eine KLUGE Ernährung auf unser Gehirn und den gesamten Körper hat. Nach meinen intensiven Recherchen bin ich überzeugt davon, dass die Ernährung ein ganz, ganz wichtiger Faktor in der Vorbeugung degenerativer Erkrankungen des Gehirns ist. Deshalb habe ich dieses Buch geschrieben! Und darin versucht, die Gebiete „Wissen" und „Genuss" zum Komplex „Klugen Appetit" zu verbinden. In meinem Buch finden Sie daher Lebensmittel und Rezepte, die unserem Geist und unserem Körper helfen, fit zu bleiben oder wieder fitter zu werden.

Jeder Neurologe wird Ihnen das besondere Verhältnis zwischen unserem Gehirn und unserem Bauch bestätigen. Der Bauch bestimmt den Kopf! Beide kommunizieren pausenlos miteinander. Schuld daran ist das Gehirn IN unserem Bauch. Man findet dort mehr als 100 Millionen Nervenzellen. Neurowissenschaftler haben herausgefunden, dass dieses „zweite Gehirn" quasi ein Abbild des Kopfhirns ist. Dieses Bauchhirn spielt eine große Rolle, wenn wir Freude, Stress, Aufregung oder Leid empfinden.

In der Regel essen wir jeden Tag drei Mahlzeiten und noch etwas zwischendurch. Das bedeutet, dass wir viermal am Tag, 28-mal in der Woche und 1460-mal im Jahr die Chance haben, unserem Körper etwas Gutes zu tun. Mein Buch soll zeigen, wie einfach es ist, an kleinen Stellschrauben zu drehen und damit ein ganz neues Lebensgefühl zu bekommen. Sie müssen sich nichts verbieten oder sich verbiegen. Versprochen! Ganz im Gegenteil!

Bauch und Kopf genießen jetzt zusammen

Durch meinen Beruf als Wissenschaftsjournalist und TV-Moderator gleicht bei mir selten ein Tag dem anderen. Ich bin viel unterwegs, esse oft außer Haus und vor einiger Zeit standen Produkte wie Nudeln, raffinierter Zucker oder Fertiggerichte beinahe täglich auf meinem Speiseplan. All diese Dinge finden sich zwar immer noch ab und zu in meiner Küche, aber nur in Maßen! Warum? Ganz einfach, ich habe nur noch ganz selten Lust darauf. Mein Bauch und mein Kopf genießen jetzt zusammen!

Es wäre toll zu erfahren, welches Ihr persönliches Lieblingsrezept wird. Vielleicht haben Sie ja auch Ihre ganz persönlichen KLUGEN Rezepte, die Sie fit halten. Schreiben Sie mir an: klugenappetit@denniswilms.com

Ernährungsmythen

Serotonin im Essen macht glücklich

Nein. Serotonin im Essen kommt gar nicht dorthin, wo es glücklich machen soll, denn es kann die Blut-Hirn-Schranke nicht passieren. Mit dieser Barriere schützt sich unser Hirn gegen viele Stoffe von außen. Auch Serotonin prallt an ihr ab. Nur das Serotonin, das im Gehirn selbst von Nervenzellen gebildet wird, kann im Gehirn auch wirken. Allerdings schafft es seine Vorstufe, die Aminosäure Tryptophan, ins Hirn. Nur kann man davon gar nicht so viel (z. B. über Bananen, Schokolade, etc.) essen, um wirklich einen Happy-Effekt zu erzielen.

Fruchtsäfte sind ein guter Start in den Tag

Nur in Maßen! Anstelle des puren Safts sollten Sie lieber die ganzen Früchte essen. Laut einer Harvard-Studie kann zu hoher Saftkonsum das Diabetesrisiko erhöhen. Bei gepressten Säften gehen viele Ballaststoffe verloren. Dadurch passieren sie unser Verdauungssystem schneller als die ballaststoffreichen Früchte. Das lässt den Blutzucker schnell ansteigen. Außerdem enthalten Säfte aus süßem Obst wie Äpfel, Birnen und Trauben viel Fruktose. Der Fruchtzucker ist ein Einfachzucker, der noch schneller vom Körper verwertet wird als normaler Haushaltszucker. Er wird in der Leber gespeichert und dann entweder zu Energie oder – wenn zu viel Zucker da ist – in Fettzellen umgebaut.

Frischfisch ist besser als Tiefkühlfisch

Geschmacklich kann das schon stimmen. Wenn Sie allerdings die Frage nach der Ökobilanz stellen, werden Ihnen viele Experten nicht selten zu tiefgekühltem Fisch raten, denn er wird häufig beim Fang vor Ort eingefroren und dann per Schiff zu uns geschickt. Natürlich verbraucht das auch Ressourcen beziehungsweise Energie. Gemessen an frischem Fisch, der – wenn er nicht aus der Region ist – meist per Flugzeug transportiert wird, hat der tiefgekühlte aber oft eine bessere Ökobilanz.

Möhren sind gut für die Augen

Dieser Satz ist ein Mythos und hat seinen Ursprung im Zweiten Weltkrieg! Als 1940 britische Piloten eine sehr hohe Trefferquote beim Abschuss deutscher Kampfflugzeuge hatten, war der Grund dafür ein neues Ortungssystem auf Radarwellenbasis. Weil das aber geheim war, rechtfertigten die Briten ihre vielen Treffer damit, dass ihre Piloten viele Möhren aßen – denn die wären sehr gut für die Augen. Allerdings können Möhren bei Nachtblindheit helfen – aber nur bei Menschen, die an Vitamin-A-Mangel leiden.

Rohes Gemüse ist gesünder als gekochtes Gemüse

Nicht immer! Rohes Gemüse ist meist schwerer zu verdauen. Möhren sollten Sie zum Beispiel besser dünsten. Denn dabei wird das Beta-Carotin in den Möhrenzellen aufgebrochen und kann besser vom Darm ins Blut übergehen. Wer Möhren roh isst, scheidet das meiste Beta-Carotin leider ungenutzt wieder aus. Ähnliches bei Tomaten: Ihr Lycopin – ein Stoff, der möglicherweise Prostatakrebs vorbeugt – kann von unserem Körper besser aufgenommen werden, wenn die Tomaten vorher erhitzt werden. Grundsätzlich sollten Sie Gemüse lieber dämpfen und dünsten. Wenn Sie es in Wasser kochen, können die meist wasserlöslichen Vitamine und Mineralstoffe ins Kochwasser ausgeschwemmt und anschließend damit weggeschüttet werden.

Schimmel bei Obst und Gemüse wegzuschneiden ist okay

Lieber nicht! Denn oft kann man nur schwer sehen, wie tief der Schimmelpilz wirklich eingedrungen ist. Manche Pilze auf Lebensmitteln bilden sogenannte Mykotoxine, also Gifte, von denen einige uns Menschen gefährlich werden können. Daher weder abwaschen, noch wegschneiden – lieber wegwerfen!

Darauf kommt es an

Unser Gehirn ist ein echter Vielfraß. Bis zu 25 Prozent unseres Energieumsatzes geht für die Schaltzentrale im Kopf drauf. Also ist es doch nur logisch, dass wir unseren „grauen Zellen" immer schön Nachschub servieren müssen. Ein paar Lebensmittel eignen sich dafür besonders gut, denn mit ihnen können wir die Stoffwechselvorgänge im Gehirn positiv beeinflussen. Wie gut wir uns zum Beispiel konzentrieren können, hängt neben dem Training der grauen Zellen zudem auch von der Qualität unserer Nahrung ab. Ernährung kann uns helfen, körperlich und geistig fit zu bleiben.

Wichtig für mich ist, dass gesunde Ernährung nicht darin besteht, sich auf ein paar bestimmte Nährstoffe zu konzentrieren und sie als „Wunderwaffe" zu zelebrieren oder eben auch als „Übel" zu verteufeln. Ein KLUGER Appetit sollte zu Ihrer nachhaltigen Strategie werden und nicht die Summe verschiedener Taktiken sein. Wenn Sie Ernährungsthemen in den Medien verfolgen, haben Sie sicher schon erkannt, dass simple oder plakative Botschaften zu diesem Thema meist irreführend sind. Heute ist Stoff X en Vogue, morgen Stoff Y. Ach ja, und Stoff X ist inzwischen doch eher schlecht für uns. Dieses Hin und Her zeigt: Gesunde Ernährung ist auch ein sehr großes Geschäft, hinter dem mächtige Industriezweige stecken.

Trotzdem scheint sich die Fachwelt in einigen Dingen recht sicher, denn ich habe sie in vielen Gesprächen und Sendungen immer wieder von Experten gehört. Zum Beispiel, dass uns ein signifikantes Nachlassen unserer Hirnpower im Alter nicht zwangsläufig ereilen muss. Die Natur hat uns eigentlich so „gebaut", dass wir auch im hohen Alter noch geistig fit sein können. „Neurogenese" heißt das Zauberwort und es bedeutet, dass wir bis ins hohe Alter neue Nervenzellen in Teilen unseres Gehirns bilden können. Vereinfacht gesagt führt alles, was diese Neubildung stört, dazu, dass unsere Schaltzentrale mehr und mehr nachlässt. Dreh- und Angelpunkt ist dabei unsere Lebensweise – hier finden Sie meine wichtigsten Empfehlungen dazu:

Bewegung

Bewegung heißt für unseren Körper: Neues erleben, neue Erfahrungen sammeln. Regelmäßiger Ausdauersport lässt die Nervenzellen im Hippocampus wachsen. Das ist die Region, die auch für das Speichern neuer Informationen und für das Langzeitgedächtnis verantwortlich ist. Ein Mangel an Bewegung kann das Absterben von Gehirnzellen fördern. Da können Sie noch so viel Gedächtnistraining betreiben. Steuern Sie also gegen! Drei Mal pro Woche 30 Minuten mäßige bis leichte Bewegung ist wunderbar.

Entspannung

Einfach mal den Kopf ausschalten! Auch im „Ruhemodus" verbraucht unser Gehirn viel Energie. Jetzt bereitet es sich quasi auf die Realität vor. Übrigens: Bei Entspannungstechniken wie Meditation konnte – ähnlich wie beim Ausdauersport – beobachtet werden, dass neue Nervenzellen im Hippocampus gebildet wurden.

Schlaf

Im Schlaf wiederholt unser Gehirn Dinge, die es während des Tages gelernt hat und prägt sie sich ein. Bei zu wenig Schlaf verliert der Hippo-campus die Fähigkeit, sich zu regenerieren – das kann physisch und psychisch krank machen. Vieles weist darauf hin, dass er Alterungspro-zesse in unserem Körper befeuert. Sechs bis acht Stunden Schlaf sollten das Minimum sein.

Intervallfasten

Wenn wir mehr Essenspausen einlegen, ändert sich unser Stoffwechsel. Das Nervenwachstum wird stimuliert und Stoffe, die Entzündungen fördern, werden dezimiert. Ich selbst habe zwei Methoden ausprobiert. Die sogenannte 5:2-Methode: Fünf Tage in der Woche ganz normal essen, zwei variable Tage fasten (Frauen 500 kcal, Männer 600 kcal). Und das intermit-tierende Fasten: Dabei dehnen wir den Zeit-raum, in dem keine Nahrung aufgenommen wird, auf 12 bis 14 Stunden (bei Frauen) oder 14 bis 16 Stunden (bei Männern) aus. Unsere Zellen kommen in eine Art Selbstreinigungs-mechanismus, die sogenannte Autophagie. Am besten eignet sich dabei das Nachtfasten: früh zu Abend essen und am nächsten Morgen das Frühstück nach hinten schieben.

Positiv denken

Amerikanische Forscher haben herausgefunden, dass eine positive Haltung zum Alter kognitive Leistungen verbessern und das Demenz-Risiko senken kann – sogar bei genetisch Vorbelaste-ten. Denn wer sein Altern positiv sieht, setzt seinen Körper weniger unter Stress.

Soziale Kontakte

Soziale Isolation ist für unser Gehirn sehr gefährlich – wenn nicht sogar schädlich! Schon vor einigen Jahren wurden bei jungen Mäusen, die isoliert gehalten wurden, Veränderungen in Gehirnregionen festgestellt, die für soziales Verhalten und kognitive Funktionen eine wichti-ge Rolle spielen. Auch bei Heimkindern, denen Zuwendung fehlte, konnte man seelische und kognitive Störungen ausmachen. Menschen, die keine oder nur wenige soziale Kontakte pflegen, haben meist geringere Hirnaktivitäten und ein höheres Demenz-Risiko.

Trinken

Trinken ist für jeden „Kopfarbeiter" elementar, denn das Gehirn braucht Flüssigkeit. Bestimmte Mengenempfehlungen haben sich allerdings als problematisch erwiesen. Sofern Ihr Durstempf-finden nicht nachweislich gestört ist, sollten Sie auf Ihren Körper hören. Wer mehr als 1 Liter pro Stunde trinkt, überfordert jedoch die Nieren und entzieht dem Körper Natrium. Damit Sie sich perfekt konzentrieren können, trinken Sie am besten (Mineral-)Wasser, Kräuter oder Früchte-tees. Softdrinks oder Säfte sind zu süß und lassen unseren Blutzuckerspiegel hochschießen. Am besten, Sie verdünnen sie im Verhältnis 1:3 mit Wasser – dann bleibt der Blutzucker stabiler.

Alkohol und Rauchen

Wer regelmäßig – auch nur moderat – Alkohol trinkt, schädigt sein Gehirn. Alkohol kann dazu führen, dass sich die Gehirnmasse im Hippo-campus verkleinert. Nach einer Studie der Oxford-University liegt die schädigende „Schall-grenze" vermutlich bei 56 g Alkohol pro Woche (ca. 5 100-ml-Weingläser). Eine Studie aus fran-zösischen Krankenhäusern zeigt bei regelmäßig starkem Alkoholkonsum ein höheres Risiko für vorzeitige Demenz, also unter 65 Jahren. Auch beim Rauchen steigt das Risiko für geistigen Abbau – es schwindet Großhirnrinde. Ein Rauch-stopp kann den Schwund aber wieder umkehren.

Eiweiß fürs Gehirn

Power-Proteine
für den Kopf

Eiweiß gehört neben Kohlenhydraten und Fetten zu den Nährstoffen, aus denen unser Körper Energie gewinnen kann. Mit ihrer Hilfe bildet er Enzyme, Hormone, Muskeln und hält unser Immunsystem fit. Auch unser Gehirn besteht neben Wasser und Fett zu 30 Prozent aus Eiweiß.

Proteine liefern die Aminosäuren, aus denen in unseren Nervensystemen wichtige Überträgerstoffe hergestellt werden. Solche Nervenbotenstoffe sind für unser Gedächtnis und auch für unsere Konzentrationsfähigkeit entscheidend. Von einem ausgewogenen Stoffwechsel dieser Nervenbotenstoffe hängen zum Beispiel auch unsere Kreativität und unsere Stimmungen ab. Die einfache Frage: „Bist du gut drauf?" hat also nicht zuletzt damit zu tun, ob wir genügend Eiweiß zu uns nehmen.

Top-Eiweißlieferanten sind neben Fleisch und Fisch auch Nüsse, Hülsenfrüchte, Eier und natürlich: Milchprodukte. Diese werden aber in Bezug auf die Gehirngesundheit durchaus kritisch gesehen. Das liegt auch – oder vor allem – an den üblichen Tierhaltungs- und Herstellungsmethoden. Durch sie enthalten Milchprodukte mittlerweile oft Hormone, Antibiotika und andere schädliche Inhaltsstoffe,

deren Risiken Sie durch Ausweichen auf Bio-Produkte minimieren können.

Richtig ist sicher auch, dass Milchprodukte nicht gerade entzündungshemmend sind. Vor allem Entzündungen beziehungsweise der nicht funktionierende Abtransport von Proteinen spielen bei einigen Gehirnerkrankungen wie Demenz eine nicht zu vernachlässigende Rolle. Da ich aber ungern auf Milchprodukte – ebensowenig wie auf Fleisch – als Proteinquelle verzichten möchte, empfehle ich, beides in Maßen zu essen. Eine abwechslungsreiche Ernährung mit Vernunft und Augenmaß verträgt keine Dogmen.

Übrigens: Der schlechte Ruf von Eiern gilt längst als überholt, denn sie enthalten zwar viel Cholesterin, dafür aber auch hochwertiges Eiweiß, Mineralstoffe, Vitamine und ungesättigte Fettsäuren. Man weiß: Die Ernährung beeinflusst den Cholesterinspiegel nur zu etwa 10 Prozent. Denn Studien belegen: Wer gesund ist, braucht sich wegen des Cholesterins im Ei keine Sorgen zu machen. Eier liefern darüber hinaus viel Cholin, ein Bestandteil der Zellmembran und eine Vorstufe des Neurotransmitters Acetylcholin – wichtig für unser Gedächtnis.

Eiweißbrote bitte mit Bedacht essen. Sie enthalten zwar kaum Kohlenhydrate, aber meist Extras wie Eier, Kerne oder Nüsse. Damit liefern sie mehr Kalorien und Fett als normales Brot. Kombiniert man sie noch mit fettem Käse oder Wurst, entsteht schnell ein Energieüberschuss. Auch wenn Eiweiß besser sättigt als Fett und Kohlenhydrate, sollten wir unsere Nährstoffe KLUG verteilen. Als ideal gilt: 55 Prozent Kohlenhydrate, 30 Prozent Fett und 15 Prozent Eiweiß.

Porridge
mit Apfel und Leinsamen

Zutaten
für 2 Personen

1 großer Apfel
1/4 l ungesüßter Mandeldrink
6 EL glutenfreie zarte Haferflocken
4 EL geschroteter Leinsamen
gemahlene Vanille
Zimtpulver
200 g Magerquark

10 Minuten Zubereitung

pro Portion: 370 kcal,
21 g EW, 13 g F, 35 g KH

Mit Porridge, eigentlich einem Arme-Leute-Essen aus England, starte ich optimal in meinen Tag. Die Haferflocken liefern dabei Ballaststoffe, kaum Kalorien und machen mich lange satt. Sehr praktisch, wenn sich an arbeitsreichen Tagen das Mittagessen nach hinten verschiebt!

1. Den Apfel waschen, vierteln und entkernen. Die Viertel in kleine Würfel schneiden. Die Apfelstücke in einem kleinen Topf mit dem Mandeldrink erhitzen. Haferflocken und Leinsamen unterrühren und alles bei mittlerer Hitze unter Rühren zu einem Brei kochen.

2. Den Porridge mit Vanille und Zimt abschmecken und den Quark unterrühren. Auf Schalen verteilen und nach Belieben mit Apfelschnitzen und gerösteten Mandelsplittern garnieren.

BRAIN-FACTOR

Haferflocken sorgen dafür, dass es unserem zweiten Gehirn im Bauch gut geht. Sie enthalten lösliche Ballaststoffe, die Beta-Glucane, die im Darm die Bildung wichtiger Bakterien stimulieren, vor Entzündungen schützen und das Darmimmunsystem stärken. Diese Ballaststoffe binden sich an die Gallensäure und werden dann nicht – wie sonst üblich – vom Darm recycelt, sondern ausgeschieden. Die Leber muss also neue Gallensäuren bilden. Weil sie dazu Cholesterin benötigt, kann dadurch ein zu hoher Cholesterinspiegel gesenkt werden. Das schont unser Herz und die Gefäße.
Die Kombination dieser löslichen Ballaststoffe mit den übrigen Kohlenhydraten in den Haferflocken sorgt außerdem für einen ausgeglichenen Blutzuckerspiegel. Dank ihm werden Körperzellen und Nerven optimal mit Energie versorgt.
Und: Das in Haferflocken reichlich enthaltene Vitamin B_1 benötigt unser Stoffwechsel, um aus unserer Nahrung Energie zu gewinnen. Es verhilft uns zu mehr Konzentration, Aktivität und guter Laune.

Knuspermüsli
mit Bananenmilch

**Zutaten für 500 g Müsli
(10 Portionen)**

150 g feuchte Bestandteile:
1 reife Banane
2 EL flüssiges Kokosöl
2 EL Nussmus nach
Belieben
350 g trockene Bestandteile:
Buchweizenkörner
Hirse-, Hafer- oder Mehr-
kornflocken
gemischte gehackte Nuss-
kerne (z.B. Mandeln, Wal-
oder Haselnusskerne)
gemischte Kerne
(z.B. Kürbis-, Sonnen-
blumen- oder Pinienkerne)
gepuffter Amarant oder
gepuffte Quinoa
Salz, je 1 TL Zimtpulver und
gemahlene Vanille

**Zutaten für die Bananen-
milch (2 Personen)**

1 reife Banane
150 ml Milch (1,5 % Fett,
ersatzweise ungesüßter
Pflanzendrink)
2 Datteln (ohne Stein)
1/2 TL Spekulatiusgewürz

15 Minuten Zubereitung
+ 40 Minuten Backen

pro Portion Müsli mit
Bananenmilch: 370 kcal,
10 g EW, 17 g F, 42 g KH

Fertige Müslimischungen enthalten oft viel Zucker, zusammen mit gesüßtem Jogurt wird das „gesunde" Frühstück dann schnell zur Zuckerfalle. In Kombi mit der natursüßen Bananenmilch verzichte ich hier sogar vollständig auf Zucker. Vorsicht: Beim Backen des Granola wird es in ihrer Küche herrlich duften!

1. Den Backofen auf 110 °C (Umluft) vorheizen. Ein Backblech mit Backpapier belegen. Für das Müsli die Banane schälen und in einer großen Schüssel mit einer Gabel zerdrücken, mit Öl und Nussmus mischen. Dann alle trockenen Zutaten hinzufügen und gut untermischen. Wer es süßer mag, kann nach Belieben noch Honig oder ein anderes Süßungsmittel dazugeben.

2. Die Müslimischung gleichmäßig auf dem Backblech verteilen und im Ofen auf der mittleren Schiene etwa 40 Minuten knusprig backen. Dabei zwischendurch mehrmals durchmischen. Das Müsli aus dem Ofen nehmen, vollständig abkühlen lassen und in einen luftdicht schließenden Behälter füllen. Es hält sich etwa 2 Wochen.

3. Für die Bananenmilch die Banane schälen, grob schneiden und mit 50 ml kaltem Wasser, Milch, Datteln und Gewürz im Mixer schaumig mixen. Kühl stellen oder sofort mit dem Müsli servieren.

MEIN KÜCHENTIPP
Nach dem Backen noch Kokoschips, getrocknete Beeren, Kakao-Nibs, Chia- und Leinsamen und mehr unter das Granola mischen.

BRAIN-FACTOR

Nüsse, allen voran Walnüsse, unterstützen die Funktionsweise unseres Gehirns. Sie enthalten Polyphenole, sekundäre Pflanzenstoffe, und Linolsäure, eine mehrfach ungesättigte Fettsäure, die der Körper nicht selbst herstellen kann. Beide fördern den Informationsfluss im Gehirn und halten geistig fit. In Tierversuchen verhinderten die Stoffe in den Nüssen das Absterben von Gehirnzellen. Es wurde beobachtet, dass sich die Neuronen sogar noch besser vernetzten.

Kokos-Joghurt-Bowl
mit Heidelbeeren

Zutaten
für 2 Personen

200 g tiefgekühlte
Heidelbeeren
2 reife Bananen
200 g ungesüßter
Kokosmilchjoghurt
1/4 TL gemahlene Vanille
2 EL Kokoschips
1 EL Chiasamen
2 EL Ahornsirup

15 Minuten Zubereitung

pro Portion: 380 kcal,
5 g EW, 17 g F, 46 g KH

Smoothie-Bowls machen mir einfach Spaß – optisch und geschmacklich. Für die Konsistenz sind lediglich zwei Dinge wichtig – erstens: eine der Komponenten sollte gefroren sein (Obst, Gemüse, Eiswürfel oder gefrorene Kokosmilch), und zweitens: Sie sollten einen guten Mixer verwenden.

1. Die Heidelbeeren antauen lassen. Die Bananen schälen und in Scheiben schneiden. Ein Viertel der Bananenscheiben und einige Heidelbeeren zum Garnieren beiseitelegen. Die restlichen Bananenscheiben und Heidelbeeren in den Mixer geben.

2. Joghurt, Vanille und 100 ml kaltes Wasser hinzufügen. Erst alles auf kleiner Stufe, dann auf höchster Stufe cremig-fein pürieren. Den Smoothie auf Schalen verteilen.

3. Zum Servieren die beiseitegelegten Bananenscheiben und Heidelbeeren auf den Smoothie-Bowls verteilen. Mit Kokoschips und Chiasamen bestreuen, jeweils mit dem Ahornsirup beträufeln.

BRAIN-FACTOR

Die Fitmacher-Schüssel liefert Vitamine satt und macht richtig gute Laune. Warum? Weil in den Bananen die lebenswichtige Aminosäure Tryptophan steckt, eine Vorstufe des Glückshormons Serotonin. Die Ausschüttung von Insulin nach dem Genuss von kohlenhydrathaltigen Nahrungsmitteln wie Banane und Schokolade bewirkt neben der Blutzuckerregulation auch eine gesteigerte Aufnahme von Aminosäuren in die Muskelzellen. Mit Ausnahme von Tryptophan – das wird nicht in den Muskel eingebaut, sondern wandert zum Gehirn. Dort wird aus ihm von Neuronen direkt Serotonin gebildet. Ist es ausreichend vorhanden, sind wir ausgeglichen und gut gelaunt. Hat das Gehirn zu wenig davon, sinkt der Stimmungspegel.

Kokosquark
mit Trauben und Orangen

Zutaten
für 2 Personen

2 EL Kokoschips
200 g blaue kernlose
Weintrauben
1 Orange
250 g Magerquark
160 ml Kokosmilch
1 EL Bourbon-Vanille-
Rohrohrzucker
einige Minzeblätter zum
Garnieren

20 Minuten Zubereitung

pro Portion: 450 kcal,
18 g EW, 24 g F, 34 g KH

Mein Superfrühstück! Ich liebe Quark. Und zwar nicht pur, sondern exotisch „gepimpt" mit Kokosmilch und Früchten. Ich mag besonders die Kombination aus Weintrauben und Orangen oder eine sommerliche Variante mit Aprikosen und Himbeeren. Das Ganze dann noch mit Kokoschips getoppt – fantastisch!

1. Die Kokoschips in einer Pfanne ohne Fett bei mittlerer Hitze hell rösten. Vom Herd nehmen und abkühlen lassen.

2. Inzwischen die Trauben waschen, abzupfen und längs halbieren. Die Orange samt der weißen Haut schälen, die Filets zwischen den Trennwänden mit einem scharfen Messer herausschneiden, 2 EL abtropfenden Saft in einer Schüssel auffangen. Trauben und Orangenfilets mit dem Orangensaft mischen.

3. Den Quark mit Kokosmilch und Vanillezucker glatt rühren. Zwei Drittel der Obstmischung auf Bechergläser verteilen und den Kokosquark locker darüberschichten. Die restliche Obstmischung daraufsetzen und mit den gerösteten Kokoschips bestreuen. Die Minzeblätter waschen, trocken tupfen und alles damit garniert servieren.

BRAIN-FACTOR

Der Fruchtquark zum Frühstück macht Ihr Gehirn fit für einen langen Arbeitstag. In Weintrauben und Orangen stecken Vitalstoffe und Vitamine, vor allem Vitamin C. Kombiniert mit den hochwertigen Aminosäuren und Mineralstoffen vom Quark sind die Power-Nährstoffe für den Bau der aktivierenden Botenstoffe im Gehirn wichtig. Diese Neurotransmitter verwenden die Nervenzellen zur Nachrichtenübermittlung, wenn eine Aktivität im Körper angeregt werden soll. Umgekehrt werden hemmende Botenstoffe ausgeschüttet, wenn etwas gedrosselt werden soll. Für einen reibungslosen Bewegungsablauf ist das fein abgestimmte Zusammenspiel von aktivierenden und hemmenden Impulsen wichtig. Ein Ungleichgewicht zwischen den Botenstoffen ist nicht optimal.

Chiapudding
mit Heidelbeersauce

Zutaten
für 2 Personen

Für den Pudding
6 EL Chiasamen
500–600 ml ungesüßter
Nussdrink nach Wahl
1 EL Honig
1 große reife Banane
1 EL Erdnussmus

Für die Sauce
300 g Heidelbeeren
gemahlene Vanille

10 Minuten Zubereitung
+ 2 Stunden Quellen

pro Portion: 410 kcal,
13 g EW, 20 g F, 30 g KH

Ich war schon lange vor dem Chia-Hype ein Fan der kleinen Körner. Gequollen in Milch sind sie die perfekte Puddingbasis. Am liebsten mag ich dazu Heidelbeeren, aber natürlich kann man die Sauce auch sehr gut mit anderen Früchten wie Erdbeeren, Himbeeren oder Mangos variieren.

1. Für den Pudding die Chiasamen mit Nussdrink und Honig in eine Schale geben. Die Banane schälen und mit einer Gabel fein zerdrücken. Dann mit dem Erdnussmus unter die Chiamischung rühren. Alles gut verrühren und mindestens 2 Stunden quellen lassen.

2. Für die Sauce die Beeren verlesen und waschen. Dann mit 4 EL Wasser und etwas Vanille in einem kleinen Topf kurz aufkochen, dabei die Beeren mit einer Gabel leicht zerdrücken.

3. Zum Servieren den Chiapudding in Schalen verteilen und die warme Heidelbeersauce darübergeben.

BRAIN-FACTOR

Klein, aber oho! Die winzigen grauen oder schwarzen Chiasamen sind eine Top-Quelle für die ansonsten eher in fetten Fischen vorhandenen Omega-3-Fettsäuren. Schon mit 5 g Chia ist der Tagesbedarf an den Fettsäuren gedeckt. Diese essenziellen ungesättigten Fettsäuren sorgen als Bestandteile der Zellmembranen dafür, dass die Nervenzellen in der Lage sind, elektrische Impulse zu übertragen. Neueste Forschungsergebnisse zeigen positive Effekte der Omega-3-Fettsäuren bei Menschen mit Depressionen, kognitiven Störungen und bei Senioren zur Behandlung von Alzheimer.

Brotaufstriche

Jeden Tag kochen? Das schaffen die Wenigsten. Seit meiner Kindheit liebe ich die gute alte „Brotzeit". Dabei versuche ich, Fleisch in verarbeiteter Form – also Wurst – zu vermeiden. Diese Brotaufstriche lassen sich gleich in größeren Portionen vorbereiten. Dann stehen sie im Kühlschrank für die nächste Stulle bereit.

Himbeer-Limetten-Quark

Zutaten für 1 Glas (ca. 400 g; 4 Portionen): 150 g tiefgekühlte Himbeeren 15 Minuten antauen lassen. 1 Bio-Limette heiß waschen, abtrocknen, Schale fein abreiben und 1 EL Saft auspressen. 250 g Speisequark (20 % Fett), 100 g Himbeeren, Limettensaft und -schale und 2 EL Kokosblütenzucker (ersatzweise brauner Rohrohrzucker) pürieren. Übrige Himbeeren im Ganzen untermischen. Den Aufstrich in ein Glas füllen und fest verschließen. Hält sich gekühlt 3 Tage.

**15 Minuten Zubereitung
pro Portion: 110 kcal,
8 g EW, 3 g F, 9 g KH**

Glutenfrei · Veggie

Radieschen-Kürbiskern-Creme

Zutaten für 1 Glas (ca. 400 g; 4 Portionen): 30 g Kürbiskerne in einer Pfanne ohne Fett hell rösten, abkühlen lassen, fein hacken. 200 g Frischkäse (Halbfettstufe) mit 2 EL Kürbiskernöl verrühren. Mit Salz, Pfeffer aus der Mühle und Zitronensaft abschmecken. 100 g Radieschen putzen, waschen und würfeln. 1/2 Bund Schnittlauch waschen, trocken tupfen und in Röllchen schneiden. Kürbiskerne, Radieschen und Schnittlauch unter den Frischkäse rühren, abschmecken. Den Aufstrich in ein Glas füllen und fest verschließen. Hält sich gekühlt 3 Tage.

**15 Minuten Zubereitung
pro Portion: 150 kcal,
9 g EW, 11 g F, 2 g KH**

Glutenfrei · Veggie

Erbsen-Avocado-Creme mit Wasabi

Zutaten für 1 Glas (ca. 400 g; 4 Portionen): 200 g tiefgekühlte Erbsen heiß überbrühen, etwa 5 Minuten ziehen lassen, in ein Sieb abgießen und abtropfen lassen. 1 Avocado halbieren, entkernen, schälen und mit 125 g Erbsen, 3 EL Limettensaft und 1–2 TL Wasabipaste (aus der Tube) pürieren. Salzen und pfeffern, dann 1/2 Bund gehacktes Koriandergrün mit übrigen Erbsen unterheben. Hält sich gekühlt 2 Tage.

15 Minuten Zubereitung
pro Portion: 110 kcal,
4 g EW, 5 g F, 9 g KH

Gluten frei · Laktose frei · Vegan

Pikante Thunfischcreme

Zutaten für 1 Glas (ca. 300 g; 4 Portionen): 160 g Thunfisch (in Lake; aus der Dose) abtropfen lassen, zerpflücken. 1 bis 2 Essiggurken fein würfeln, mit 2 EL gehackter Petersilie, 50 g Magerquark, 50 g Frischkäse (Halbfettstufe), 1 TL Harissa-Paste (marokkan. Chilipaste) unter den Fisch rühren. Mit Salz und Pfeffer abschmecken. In ein Glas füllen. Hält sich gekühlt 1 bis 2 Tage.

15 Minuten Zubereitung
pro Portion: 80 g kcal,
14 g EW, 1 g F, 2 g KH

Gemüseomelett
italienische Art

Gluten frei

Zutaten
für 2 Personen

4 Eier (Größe M)
4 EL Milch (1,5 % Fett)
Salz, Pfeffer aus der Mühle
Paprikapulver (rosenscharf)
1 Frühlingszwiebel
1 rote Paprikaschote
4 Champignons
3 Scheiben magerer Koch-
schinken (ca. 120 g)
Öl zum Braten
4 EL geriebener Bergkäse
4 Stiele Petersilie

20 Minuten Zubereitung

pro Portion: 400 kcal,
36 g EW, 24 g F, 8 g KH

Locker, luftig und vor allem saftig, so muss ein Omelett sein. Mir gelingt das am besten, wenn ich die Pfanne etwas abkühlen lasse, nachdem das Gemüse angebraten ist. Dann die Eiermischung vorsichtig darübergießen und stocken lassen.

1. Die Eier in einer Schüssel mit Milch, Salz, Pfeffer und Paprikapulver verquirlen. Die Frühlingszwiebel putzen, waschen und in dünne Ringe schneiden. Die Paprika längs halbieren, putzen, waschen und fein würfeln. Pilze putzen, falls nötig, trocken abreiben und in dünne Scheiben schneiden. Den Schinken fein würfeln.

2. Gemüse und Schinken in einer Pfanne in etwas Öl bei mittlerer Hitze etwa 3 Minuten andünsten. Die Eiermischung über das Gemüse geben, alles mit dem Käse bestreuen und das Omelett bei schwacher Hitze 5 bis 8 Minuten stocken lassen.

3. Inzwischen die Petersilie waschen, trocken tupfen, die Blätter abzupfen und fein hacken. Das fertige Omelett halbieren, auf Teller verteilen und mit Petersilie bestreut servieren.

BRAIN-FACTOR

Ein Omelett mit Gemüse ist ideal, um in kürzester Zeit ein „Hirn-Upgrade" zu erzielen. Denn Eier haben von allen Nahrungsmitteln den höchsten Cholingehalt. Diese vitaminähnliche Substanz ist ein Bestandteil von Lecithin und wichtig für die Nervenzellen. Sie produzieren daraus den Botenstoff Acetylcholin, der im Gehirn unter anderem die Gedächtnisfunktion reguliert. Ohne Acetylcholin können die betreffenden Hirnzellen keine Signale mehr austauschen und es kommt zum Gedächtnisverlust, wie bei der Alzheimer-Erkrankung: Die Zellen sterben nach und nach ab.

Pfannkuchen-Wraps
mit Asia-Wok-Gemüse

Zutaten
für 2 Personen

Für die Pfannkuchen
2 Eier (Größe M)
150 g Dinkelmehl (Type 630)
Salz
200 ml Milch (1,5 % Fett)
75–100 ml Mineralwasser
(mit Kohlensäure)
1 EL Rapsöl
2 EL helle Sesamsamen

Für das Gemüse
10 g Ingwer
100 g Shiitake-Pilze
1 rote Spitzpaprikaschote
2 Frühlingszwiebeln
100 g Möhren
100 g Mungbohnensprossen
2 EL Rapsöl
Salz, Pfeffer aus der Mühle
1–2 EL helle Sojasauce
2 TL dunkles Sesamöl
4 Stiele Koriandergrün

40 Minuten Zubereitung

pro Portion: 710 kcal,
26 g EW, 33 g F, 74 g KH

Seitdem ich die Idee mit den Gemüserollen hatte, „reise" ich mittags öfter mal nach Fernost. Einfach knackfrisches Gemüse in die Pfannkuchen und los geht's! Morgen in die Toskana? Kein Problem, dann gibt's als Füllung Mozzarella und Basilikum.

1. Für die Pfannkuchen Eier, Mehl, 1/4 TL Salz und Milch gründlich verrühren. So viel Mineralwasser unterrühren, dass ein dünnflüssiger Teig entsteht. Abgedeckt etwa 15 Minuten quellen lassen.

2. Für das Gemüse inzwischen Ingwer schälen und fein würfeln. Von den Shiitake-Pilzen die Stiele entfernen, die Pilze trocken abreiben und in Streifen schneiden. Paprika längs halbieren, putzen, waschen und in feine Streifen schneiden. Frühlingszwiebeln putzen, waschen, das Weiße und Hellgrüne in dünne Ringe schneiden. Die Möhren putzen, schälen und in sehr feine Streifen schneiden oder hobeln. Die Sprossen in einem Sieb abbrausen und gut abtropfen lassen.

3. Den Backofen auf 80 °C vorheizen. Das Öl in einer beschichteten Pfanne (ca. 24 cm Durchmesser) erhitzen. Aus dem Teig vier Pfannkuchen je 4 bis 5 Minuten backen, dabei vor dem Wenden jeweils etwas Sesam daraufstreuen. Im Ofen warm halten.

4. Inzwischen für das Gemüse den Ingwer in Wok oder Pfanne im Rapsöl kurz andünsten. Das Gemüse bis auf die Sprossen dazugeben, bei starker Hitze etwa 4 Minuten rührbraten. Sprossen hinzufügen, mit Salz, Pfeffer, Sojasauce und Sesamöl würzen. Koriander waschen, trocken tupfen und die Blätter abzupfen. Gemüse auf die Pfannkuchen verteilen, aufrollen. Mit Koriander bestreut servieren.

BRAIN-FACTOR

Shiitake-Pilze sind reich an Glutamat – das Salz einer Aminosäure, die in allen eiweißreichen Lebensmitteln wie Hülsenfrüchten und Pilzen vorkommt. Glutamat ist zwar in hohen Mengen (wie in Fertiggerichten als künstlicher Zusatzstoff) kritisch, spielt aber im Gehirn als Appetitmacher und Neurotransmitter eine wichtige Rolle.

Kluge
Körner

Von Amarant
bis Weizen

Vollkornprodukte wie Getreideflocken, Pasta oder Reis enthalten reichlich komplexe Kohlenhydrate und stabilisieren damit unseren Blutzuckerspiegel. Gehirn- und Nervenzellen sind ununterbrochen aktiv und brauchen viel Energie. Im Gegensatz zu anderen Körperzellen, die dafür auch Fett und Eiweiß verwerten können, akzeptieren unsere „grauen Zellen" nur die kleinste Einheit aller Kohlenhydrate, die Glukose – einen Einfachzucker. Der Glukosespiegel im Blut sollte möglichst konstant sein, damit das Gehirn kontinuierlich mit Energie versorgt wird. Schwankt der Blutzuckerspiegel zu stark, kann es zu geistiger Erschöpfung, Schwindel oder Verwirrtheit kommen.

Daneben sollte man bei Vollkornprodukten neben den Ballaststoffen, Antioxidantien und gesunden Fetten vor allem Thiamin (Vitamin B$_1$) erwähnen, das unser Körper braucht, um Energie aus Fetten, Proteinen und Kohlenhydraten zu gewinnen. Thiamin spielt außerdem bei der Übertragung von Informationen in unserem Gehirn eine Rolle.

Schlechte Nachrichten müssen wir verdauen. Stress schlägt uns auf Magen und Darm. Was der Volksmund längst weiß, hat die Forschung nun bewiesen: Der Darm ist nicht nur ein einfaches Verdauungsorgan, er hat auch ein Hirn und beeinflusst Psyche und Immunsystem. Im Unterschied zu allen anderen Organen im Körper wird der Darm nicht vom Gehirn gesteuert. Er hat ein eigenes Nervensystem. Über den Vagussnerv (siehe Seite 101) stehen Darm und Hirn ständig in Verbindung – sozusagen die Darm-Hirn-Achse, auf der beide kommunizieren. Einseitige Ernährung, wenig Bewegung und viel Stress stören das Gleichgewicht der Bakterien im Darm.

Die in Körnern enthaltenen Ballaststoffe regen unsere Verdauung an, das heißt, sie „gefallen" den Pilzen und anderen Mikroorganismen im Darm. Und nicht nur denen – unser ganzer Körper ist von innen und außen besiedelt, von Mikroorganismen. In ihrer Gesamtheit nennt man sie „Mikrobiom". Dieses ist individuell, jeder von uns hat sein ganz eigenes unverwechselbares Mikrobiom. Diese „Wohngemeinschaft" von mehr als 100 Billionen Kleinstlebewesen hilft uns zum Beispiel bei der Verdauung und schützt unseren Körper vor ungebetenen Eindringlingen – sie ist also essenziell für die Funktion unseres Immunsystems.

Ideal: Jeden Tag 1 Handvoll Nüsse (25–30 g). Sie bringen unser Gehirn richtig in Fahrt. Denn sie enthalten neben „guten" Fetten auch Cholin und Lecithin – Bausteine von Botenstoffen, die unser Denkorgan für seine Arbeit braucht. Wissenschaftler sind der Ansicht, dass unterschiedliche Nüsse unterschiedliche Hirnregionen stärken. Pistazien sollen zum Beispiel Regionen, die das Lernen fördern, aktivieren, Walnüsse solche, die Hunger und Konzentration steuern.

Quarkbrötchen
mit Dinkelmehl und Kernen

**Zutaten
für 8 Stück**

250 g Magerquark
1 Ei (Größe M)
1/2 TL Salz
1 TL brauner Rohrohrzucker
200 g Vollkorndinkelmehl
150 g Dinkelmehl (Type 630)
1 Pck. Weinsteinbackpulver
4–6 EL Milch (1,5 % Fett)
80 g Kerne-Mix
(z. B. Kürbis- und Sonnenblumenkerne, Lein- und
Sesamsamen)
Dinkelmehl zum Arbeiten

20 Minuten Zubereitung
+ 20 Minuten Backen

pro Stück: 260 kcal,
13 g EW, 6 g F, 36 g KH

Manchmal ist mir jede Minute mehr Schlaf wichtiger ist als ein Frühstück. Dabei weiß ich, wie wichtig es ist, nachts die leeren Energiespeicher wieder aufzufüllen. Die Lösung für mich: gleich mehr kernige Power-Brötchen, die ich am Wochenende backe und dann abgekühlt einfriere.

1. Den Quark mit Ei, Salz und Zucker in einer Schüssel mit einem Schneebesen glatt rühren. Beide Dinkelmehle und das Backpulver in einer zweiten Schüssel mischen. Die Mehlmischung und die Milch abwechselnd zur Quarkmasse geben und alles mit den Knethaken des Handrührgeräts zu einem glatten Teig verkneten.

2. Den Backofen auf 200 °C vorheizen. Ein Backblech mit Back-papier belegen. Den Kerne-Mix auf einen Teller verteilen. Den Teig auf der leicht bemehlten Arbeitsfläche mit den Händen zu einer Rolle (ca. 7 cm Durchmesser) formen und in 8 Portionen schneiden. Jede Teigportion mit den Händen zu einer Kugel rollen, etwas flach drücken und im Kerne-Mix wälzen.

3. Die Brötchen nebeneinander auf das Blech setzen und im Ofen auf der mittleren Schiene etwa 20 Minuten goldbraun backen. Herausnehmen und auf dem Blech abkühlen lassen.

BRAIN-FACTOR

Damit unser Gehirn effektiv arbeiten kann, braucht es die kleinste Einheit aller Kohlenhydrate, die Glukose. Je mehr solcher Glukose-moleküle verknüpft sind, desto komplexer werden die Kohlenhydrate. Essen Sie komplexe Carbs (englische Abkürzung für Kohlenhydrate), sogenannte Slow Carbs, morgens in Form von Vollkornbrötchen oder Müsli, werden diese nur langsam vom Stoffwechsel abgebaut. So gelangen die Glukosemoleküle nach und nach über das Blut ins Gehirn und versorgen es über Stunden ideal mit Energie. Wir können uns super konzentrieren und sind lange „gut drauf".

Körnerbrot
mit Feigen und Chiasamen

Zutaten
für 1 Kastenform
(ca. 25 cm Länge;
für 12 Scheiben)

3 getr. Feigen
160 g zarte Haferflocken
90 g geschroteter Leinsamen
90 g Buchweizen
2 EL Chiasamen
4 EL gemahlene Flohsamen-
schalen
70 g Haselnusskerne
130 g Sonnenblumenkerne
1 TL Salz
2 TL Brotgewürzmischung
(aus Kümmel-, Anis- und
Fenchelpulver)
2 EL Kokosöl
400 ml lauwarmes Wasser

15 Minuten Zubereitung
+ 3 Stunden Quellen
(über Nacht)
+ 1 Stunde Backen

pro Scheibe: 250 kcal,
9 g EW, 13 g F, 22 g KH

Brot mal anders. Das Tolle: Sie können die Zutaten beliebig austauschen. Variieren Sie das Brot mit Kürbiskernen, Sesam-samen, Quinoaflocken, Mandeln oder getr. Maulbeeren. Die Flohsamen sollten Sie unbedingt verwenden, denn sie verleihen dem Teig Bindung und sind quasi der „Kitt" fürs Brot.

1. Die Backform mit Backpapier auslegen. Die Feigen in kleine Stü-cke schneiden und mit allen trockenen Zutaten und den Gewürzen in einer Rührschüssel mischen. Das Kokosöl bei Bedarf im lauwarmen Wasserbad auflösen, mit in die Schüssel geben und gut verrühren.

2. Den Teig in die Form geben und etwas andrücken, damit das Brot später nicht bricht. Jetzt muss der Teig quellen. Das beste Ergebnis bekommt man, wenn der Teig über Nacht ruhen kann. Muss es schneller gehen, reichen auch 2 bis 3 Stunden.

3. Inzwischen den Backofen auf 175 °C vorheizen. Das Brot im Ofen auf der mittleren Schiene etwa 30 Minuten backen. Herausnehmen, das Brot vorsichtig aus der Form lösen, umdrehen und auf Backpa-pier noch 30 Minuten backen. Herausnehmen und abkühlen lassen.

BRAIN-FACTOR

Wenn es um das Garen bei hohen Temperaturen geht, verwende ich oft Kokosöl. In der nativen Form handelt es sich dabei um das Öl aus dem Fruchtfleisch von Kokosnüssen – es wird nicht chemisch bear-beitet (anders als das feste Kokosfett, das oft gehärtet ist und uns ungesunde Transfettsäuren liefert, siehe dazu auch Seite 119). Kokosöl schmeckt leicht nach Kokos und lässt sich hoch erhitzen. Es enthält über 90 Prozent gesättigte Fettsäuren, die eigentlich für die Blutfette ungünstig sind. Allerdings sind davon 50 Prozent Laurinsäure (siehe Seite 114), die nach neuesten Studien den Fettstoffwechsel verbessert.

Buchweizen-Risotto
mit Pilzen und Ziegenkäse

Zutaten
für 2 Personen

180 g Buchweizen
1 Zwiebel
2 Knoblauchzehen
Butterschmalz zum Braten
100 ml Weißwein
300 ml Gemüsebrühe
200 g gemischte Pilze
(z. B. Austernpilze, Champignons, Pfifferlinge, Steinpilze)
Salz, Pfeffer aus der Mühle
getr. Thymian
100 g Ziegenfrischkäse
4 Scheiben Ziegenkäserolle
1 EL Mehl
1 Bund Rucola

40 Minuten Zubereitung

pro Portion: 720 kcal,
32 g EW, 26 g F, 75 g KH

An diesem Risotto liebe ich den cremig-nussigen Geschmack und vor allem die clevere Idee, den Reis durch Buchweizen auszutauschen. Denn der enthält ein Vielfaches an Ballaststoffen im Vergleich zu Rundkornreis. Ganzer Buchweizen muss übrigens gut gewaschen werden, sonst wird er beim Kochen schleimig.

1. Den Buchweizen in einem Sieb mehrfach gründlich waschen und gut abtropfen lassen. Zwiebel und Knoblauch schälen und in feine Würfel schneiden. Die Hälfte davon in einem beschichteten Topf in etwas Butterschmalz hell andünsten. Den abgetropften Buchweizen hinzufügen und 3 bis 4 Minuten mit andünsten, mit Wein ablöschen. Die Brühe dazugeben, alles kurz aufkochen und mit geschlossenem Deckel bei schwacher Hitze 15 bis 20 Minuten köcheln lassen.

2. Inzwischen die Pilze putzen, falls nötig, trocken abreiben und in mundgerechte Stücke schneiden. Dann mit den restlichen Zwiebel- und Knoblauchwürfeln in einer Pfanne in etwas Butterschmalz bei mittlerer Hitze andünsten. Mit Salz, Pfeffer und Thymian würzen.

3. Ziegenfrischkäse und Pilze unter den gegarten Buchweizen rühren und mit Salz und Pfeffer würzen. Die Ziegenkäsetaler rundum mit Mehl bestäuben und in einer Pfanne in etwas Butterschmalz bei mittlerer Hitze auf jeder Seite etwa 1 Minute braten.

4. Zum Servieren den Rucola verlesen, waschen und trocken tupfen. Den Risotto und die Pilze auf Teller verteilen und mit Rucola und den Ziegenkäsetalern garnieren.

BRAIN-FACTOR

Das Pseudogetreide Buchweizen enthält neben einer großen Portion Ballaststoffe das für die Funktion unseres Gehirns wichtige Lecithin. Diese fettähnliche Substanz (ein Phospholipid) sorgt als Baustoff der Zellmembranen für eine reibungslose Weitergabe von Nervenimpulsen. Lecithin soll unser Denkvermögen, die Erinnerung und die Konzentration positiv beeinflussen und im Alter erhalten.

Vegetarisches Chili
mit Bulgur und Feta

Zutaten
für 2 Personen

100 g feiner Bulgur
1 rote Zwiebel
100 g Knollensellerie
1 Möhre
1 EL Tomatenmark
Öl zum Anbraten
je 1/2 TL Kümmel- und
Korianderpulver sowie
Cayennepfeffer
1 TL Paprikapulver
(rosenscharf)
Salz, Pfeffer aus der Mühle
Chilipulver nach Wahl
250 g schwarze Bohnen
(aus der Dose)
140 g Mais (aus der Dose)
400 g stückige Tomaten
(aus der Dose)
1/4 l Gemüsebrühe
1 Lorbeerblatt
Saft von 1/2 Zitrone
1 Frühlingszwiebel
100 g Feta (Schafskäse)

45 Minuten Zubereitung

pro Portion: 670 kcal,
27 g EW, 23 g F, 76 g KH

Eine großartige Alternative zum klassischen Chili. Ich schwöre, Sie werden das Fleisch keinen Augenblick vermissen! Wenn Sie getrocknete Bohnen verwenden, denken Sie daran, diese rechtzeitig vorher einzuweichen und zu kochen.

1. Den Bulgur in einer Schüssel mit 70 ml kochendem Wasser übergießen, durchrühren und abgedeckt etwa 20 Minuten quellen lassen.

2. Inzwischen Zwiebel, Sellerie und Möhre schälen, fein würfeln und in einem großen Topf mit Tomatenmark und Öl bei mittlerer Hitze andünsten. Die Gewürze hinzufügen und kurz mit andünsten.

3. Bohnen und Mais in einem Sieb abbrausen und abtropfen lassen. Tomatenstücke, Bohnen, Mais und Brühe mit dem Lorbeerblatt hinzufügen und alles ohne Deckel etwa 15 Minuten köcheln lassen. Dann mit Salz, Pfeffer, Zitronensaft und eventuell Chilipulver abschmecken, den gequollenen Bulgur unterrühren.

4. Zum Servieren die Frühlingszwiebel putzen, waschen und in dünne Ringe schneiden. Das Chili auf Teller verteilen. Den Feta zerbröckeln und mit den Frühlingszwiebeln über das Chili streuen.

BRAIN-FACTOR

Bulgur, vorgegarter grober Schrot aus Getreide, meist Weizen, ist echtes Powerfood. Er kann mit sehr viel pflanzlichem Eiweiß und Ballaststoffen punkten. Zudem hat er einen niedrigen glykämischen Index, das heißt, er lässt den Blutzuckerspiegel nur langsam ansteigen und hält ihn dauerhaft auf einem mittleren Niveau. Das liegt an den langen Ketten der komplexen Kohlenhydrate, die im Magen-Darm-Trakt nur langsam zu Zucker (Glukose) abgebaut werden und auf diese Weise das Gehirn über Stunden ideal mit Energie versorgen. Die Folge: Wir fühlen uns geistig fit, die Konzentration stimmt.

Bulgursalat
im Chicorée-Schiffchen

Zutaten
für 2 Personen

Für den Salat
100 g feiner Bulgur
3 Frühlingszwiebeln
1/2 Salatgurke
1 Möhre
1 gelbe Paprikaschote
1/2 Bund Petersilie
1/4 Bund Minze
1 Granatapfel
1 Chicorée

Für das Dressing
Saft von 1 Zitrone
3 EL Granatapfelsirup
3 EL Olivenöl
1 EL Paprikamark
Salz, Pfeffer aus der Mühle

40 Minuten Zubereitung

pro Portion: 490 kcal,
8 g EW, 17 g F, 66 g KH

Der Salat eignet sich hervorragend als Beilage beim Grillen oder zum Mitnehmen in die Arbeit. Wie fast alle Salate schmeckt er am zweiten Tag noch besser! Auch mit gegrillter Zucchini oder Aubergine als Gemüse klappt die Zubereitung prima.

1. Den Bulgur in einer Schüssel mit 120 ml kochendem Wasser übergießen, durchrühren und abgedeckt etwa 20 Minuten quellen lassen. Für das Dressing inzwischen alle Zutaten in einer Salatschüssel gründlich verrühren und mit Salz und Pfeffer würzen, beiseitestellen.

2. Frühlingszwiebeln putzen, waschen und in dünne Ringe schneiden. Gurke und Möhre schälen und fein würfeln. Paprika längs halbieren, putzen, waschen und in feine Würfel schneiden. Petersilie und Minze waschen, trocken tupfen, die Blätter abzupfen und fein hacken. Den Granatapfel halbieren und die Kerne herauslösen, dabei den Saft nach Belieben auffangen und verwenden.

3. Den gegarten Bulgur mit dem Dressing mischen, Gemüse und Kräuter unterheben. Den Chicorée putzen, den bitteren Strunk entfernen und den Salat in die einzelnen Blätter teilen. Diese waschen, trocken tupfen und mit der Bulgurmischung füllen. Mit den Granatapfelkernen bestreut servieren.

MEIN KÜCHENTIPP
Wenn Sie Paprikamark und Granatapfelsirup nicht im Supermarkt entdecken, finden Sie es im türkischen Laden. Wer es reichhaltiger mag, kann Käse, Oliven oder scharfe Wurst wie Chorizo zum Salat geben.

BRAIN-FACTOR
Chicorée ist Balsam für unseren Darm. Weil seine Bitterstoffe Gallenblase und Bauchspeicheldrüse anregen, feuert er die Verdauung und den Stoffwechsel an. Der Ballaststoff Inulin aus dem Salat kann von den Darmbakterien ideal verwertet werden und sorgt dafür, dass die „guten" Darmbakterien sich wohlfühlen und vermehren. Unser Bauchhirn funkt also an den Kopf: „Alles bestens! Fühl' mich wohl!"

Garnelen
auf rotem Quinoasalat

**Zutaten
für 2 Personen**

80 g rote Quinoa
Salz
1 mittelgroße Möhre
80 g Staudensellerie
2 dünne Frühlingszwiebeln
125 g Cocktailtomaten
50 g Rucola
Saft von 1/2 Zitrone
1 EL Weißweinessig
1/2 TL Sambal oelek
1 TL Honig
Pfeffer aus der Mühle
4 EL Olivenöl
150 g rohe, geschälte
Garnelen (nach Belieben den
Schwanz nicht entfernen)

30 Minuten Zubereitung

pro Portion: 480 kcal,
21 g EW, 24 g F, 40 g KH

Der Salat ist eine echte Fitmacher-Mahlzeit – und auch als „Lunch to go" ideal. Wer mag, kann ihn schon abends vorbereiten und über Nacht in einem Schraubglas oder einer Frischhaltebox im Kühlschrank durchziehen lassen.

1. Die Quinoa in einem Sieb heiß waschen und in einem Topf in etwa 1 l leicht gesalzenem Wasser bei mittlerer Hitze etwa 20 Minuten garen. In ein Sieb abgießen, gut abtropfen und abkühlen lassen.

2. Inzwischen Möhre, Sellerie sowie Frühlingszwiebeln putzen und schälen beziehungsweise waschen. Möhre und Sellerie in etwa 4 cm lange, streichholzdünne Streifen schneiden. Frühlingszwiebeln schräg in dünne Ringe schneiden. Tomaten waschen und vierteln. Rucola verlesen, waschen und trocken tupfen. Zitronensaft mit Essig, Sambal, Honig, Salz und Pfeffer in einer Schüssel verrühren und 3 EL Öl unterschlagen. Quinoa, Gemüse und Rucola vorsichtig untermischen. Mit Salz und Pfeffer abschmecken.

3. Die Garnelen waschen, trocken tupfen und mit Salz und Pfeffer würzen. Das übrige Öl in einer Pfanne erhitzen und die Garnelen darin bei starker Hitze etwa 3 Minuten rundum braten. Zum Servieren den Salat auf Teller verteilen und die Garnelen daraufsetzen.

MEIN KÜCHENTIPP
Auch mit gebratenen Hähnchenfilet-Streifen oder zerpflücktem Thunfisch (in Lake; aus der Dose) schmeckt der Salat!

BRAIN-FACTOR

Quinoa liefert eine geballte Ladung Eiweiß, so viel wie kaum eine andere Pflanze, und bringt alle neun essenziellen (lebensnotwendigen) Aminosäuren mit. Zudem strotzen die kleinen Inka-Körnchen vor Mineralstoffen (Kalium, Zink, Eisen, Phosphat) und wertvollen ungesättigten Fettsäuren. Auch auf die Seele soll Quinoa einen wohltuenden Effekt haben: Das Pseudogetreide enthält Tryptophan, das im Gehirn zur Herstellung des Glückshormons Serotonin benötigt wird.

Rotkohlsalat
mit schwarzem Reis

Zutaten
für 2 Personen

100 g schwarzer Reis
Salz
200 g Rotkohl
1 Möhre
1 Apfel
6 EL Rotweinessig
1 EL mittelscharfer Senf
3 EL Leinöl
Pfeffer aus der Mühle
1 Hähnchenbrustfilet
(100–120 g)
Öl zum Braten
80 g Gorgonzola
2 EL gehackte Pistazien-
kerne

45 Minuten Zubereitung

pro Portion: 690 kcal,
29 g EW, 37 g F, 55 g KH

Schwarzer Reis kommt aus China, er soll ursprünglich dem Kaiser und seinem Gefolge vorbehalten gewesen sein. Daher wird er auch als „verbotener Reis" bezeichnet. Wer Gluten meiden muss, ist bei schwarzem Reis auf der sicheren Seite.

1. Den schwarzen Reis in Salzwasser nach Packungsanweisung bissfest garen und abkühlen lassen.

2. Inzwischen den Rotkohl putzen und auf der Gemüsereibe in feine Streifen hobeln. Die Möhre putzen und schälen, den Apfel waschen und beides ebenfalls fein raspeln. Für die Vinaigrette Essig, Senf und Leinöl in einer Salatschüssel gut verrühren und mit Salz und Pfeffer würzen. Dann das geraspelte Gemüse und Obst untermischen.

3. Das Hähnchen waschen, trocken tupfen und in mundgerechte Stücke schneiden. Die Hähnchenstücke mit Salz und Pfeffer würzen und in einer Pfanne in etwas Öl rundum braten. Den Reis und das warme Hähnchen zum Salat in die Schüssel geben. Alles mischen und mit zerkleinertem Gorgonzola und Pistazien bestreuen.

MEIN KÜCHENTIPP
Schwarzer Reis wird seit vielen Jahren im Piemont angebaut. Die un-geschliffenen Körner haben tollen Biss und einen guten Geschmack. Ich verwende ihn inzwischen lieber als alle anderen Reissorten.

BRAIN-FACTOR
Schwarzer Reis ist ein Vollkornreis – er wird nach der Ernte nur ent-spelzt, aber nicht geschält. Dadurch bleiben seine vielen Spuren-elemente und Mineralstoffe, vor allem Eisen, erhalten. Außerdem machen Anthocyane, die Farbstoffe, den Reis zum Superfood. Sie sind hochwirksame Antioxidantien aus der Gruppe der Flavonoide, die freie Radikale binden. Und sie sollen das Lern- und Erinnerungs-vermögen verbessern. Anthocyane können die Blut-Hirn-Schranke überwinden und sich in bestimmten Gehirnregionen „ansiedeln".

Grünkernsalat
mit buntem Gemüse

Zutaten
für 2 Personen

100 g Grünkern
1/4 l Gemüsebrühe
je 1 gelbe und rote
Spitzpaprikaschote
100 g Zucchini
1 kleine rote Zwiebel
2 Tomaten
2 EL Weißweinessig
1 EL Aceto balsamico
1 TL scharfer Senf
Salz, Pfeffer aus der Mühle
2 EL Olivenöl
1/2 Kästchen Gartenkresse
1/2 Bund Schnittlauch
100 g griech. Joghurt
(10 % Fett)

30 Minuten Zubereitung
+ 40 Minuten Garen

pro Portion: 400 kcal,
11 g EW, 19 g F, 41 g KH

Grünkern hört sich nicht gerade nach einem kulinarischen Gaumenschmeichler an. Aber die gedarrte Urform des Dinkels schmeckt nussig und ist als Basis für einen Sommersalat perfekt. Dafür nehme ich gerne in Kauf, dass das Korn länger gart.

1. Den Grünkern in einem Sieb abbrausen und in einem Topf mit der Brühe erst offen bei starker Hitze etwa 10 Minuten garen. Dann mit geschlossenem Deckel bei milder Hitze noch 30 bis 40 Minuten ausquellen lassen. Vom Herd nehmen und lauwarm abkühlen lassen.

2. Inzwischen Paprika längs halbieren, putzen, waschen und in etwa 1/2 cm kleine Würfel schneiden. Die Zucchini putzen, waschen und etwa 1/2 cm klein würfeln. Zwiebel schälen und würfeln. Tomaten waschen und klein würfeln, dabei Kerne und Stielansätze entfernen.

3. Für die Vinaigrette beide Essigsorten, Senf, Salz und Pfeffer mit dem Öl in einer Salatschüssel gründlich verrühren. Grünkern mit Paprika, Zucchini, Zwiebel und Tomaten dazugeben und alles gut mischen. Den Salat abgedeckt etwa 10 Minuten durchziehen lassen.

4. Inzwischen Kresse vom Beet abschneiden, waschen und trocken tupfen. Schnittlauch waschen, trocken tupfen und in feine Röllchen schneiden. Den Salat mit Salz und Pfeffer abschmecken und die Hälfte der Kräuter unterheben. Auf Teller verteilen, je 1 Klecks Joghurt daraufsetzen und mit den übrigen Kräutern bestreuen.

BRAIN-FACTOR

Grünkern ist Balsam für das Nervenkostüm. Denn in den olivgrünen Körnern steckt alles, was der Körper braucht, um gegen Hektik und Anspannung gewappnet zu sein. Vor allem ihr Top-Gehalt an Vitaminen der B-Gruppe, aber auch die reichlich enthaltenen Mineralstoffe Magnesium, Phosphor, Kalzium und Kalium sind pure Energie für Gehirn und Nerven. Sie verbessern die Leistungsfähigkeit und geben neue Kraft. Zudem liefert Grünkern alle wichtigen Aminosäuren, die unser Gehirn braucht, um arbeiten zu können.

Buchweizenfleckerl
mit Wirsing und Schinken

Zutaten
für 2 Personen

Für den Nudelteig
100 g Buchweizenmehl
50–60 g Dinkelmehl
(Type 630), Salz
Dinkelmehl zum Arbeiten

Für das Gemüse
1/2 kleiner Wirsing
(ca. 400 g)
1 Zwiebel
80 g magerer Kochschinken
(in dünnen Scheiben)
1/2 Bund Schnittlauch
1 EL Olivenöl
1 EL Butter
2 TL Dinkelmehl (Type 630)
Salz, Pfeffer aus der Mühle
1/4 l Gemüsebrühe
125 g Kochsahne (15 % Fett)
1 TL abgeriebene Bio-Zitro-
nenschale
frisch geriebene Muskatnuss
1–2 TL Zitronensaft

1 Stunde Zubereitung
+ 1 Stunde 15 Minuten
Ruhen

pro Portion: 620 kcal,
25 g EW, 25 g F, 67 g KH

Klar gibt es Buchweizennudeln fertig zu kaufen. Aber meist enthalten die nur etwa 30 Prozent Buchweizenmehl, der Rest ist Weizenmehl. Meine „home made"-Pasta hat rund 66 Prozent Buchweizenmehl und ein Drittel Dinkelmehl für die Bindung.

1. Für den Nudelteig Buchweizenmehl und 50 g Dinkelmehl in einer Schüssel mit 1 kräftigen Prise Salz mischen. 50 ml kaltes Wasser dazugeben und alles mit den Knethaken des Handrührgeräts verkneten. Den Teig auf wenig Mehl etwa 5 Minuten weiterkneten. Falls er zu weich ist, noch etwas Dinkelmehl unterkneten. In Frischhaltefolie gewickelt bei Zimmertemperatur etwa 1 Stunde ruhen lassen. Dann den Teig auf wenig Mehl mit dem Nudelholz etwa 2 mm dünn ausrollen (alternativ durch die Nudelmaschine drehen). Erst in etwa 3 cm breite Streifen, dann in 3 bis 4 cm große Rauten schneiden. Mit etwas Mehl bestäubt etwa 15 Minuten ruhen lassen.

2. Inzwischen Wirsing putzen, halbieren und den harten Strunk entfernen. Kohl in etwa 2 cm große Stücke schneiden. Zwiebel schälen und fein würfeln. Schinken in feine Würfel schneiden. Schnittlauch waschen, trocken tupfen, in Röllchen schneiden. Wirsing und Zwiebel in einer Pfanne in Öl und Butter bei mittlerer Hitze 2 bis 3 Minuten andünsten. Mehl darüberstäuben und kurz andünsten, mit Salz und Pfeffer würzen. Die Brühe dazugießen, alles aufkochen und mit geschlossenem Deckel bei mittlerer Hitze 12 bis 15 Minuten garen.

3. Die Nudeln in 1,5 l Salzwasser bei mittlerer Hitze etwa 5 Minuten bissfest garen. Dann in ein Sieb abgießen und abtropfen lassen. Sahne und Zitronenschale unter den Wirsing mischen. Mit Salz, Pfeffer, Muskatnuss und Zitronensaft abschmecken. Die Nudeln mit Schinken und Wirsing mischen. Mit Schnittlauch bestreut servieren.

BRAIN-FACTOR
Wirsing ist kalorienarm, aber reich an Mineralstoffen (Eisen, Kalium und Phophor) sowie B-Vitaminen und Vitamin C. Zusätzlich stecken in ihm jede Menge sekundäre Pflanzenstoffe (wie z. B. Chlorophyll).

Pfannengerührter Grünkohl
mit Couscous

Zutaten
für 2 Personen

100 g Couscous
2 EL Erdnussmus
3 EL Limettensaft
1 EL geriebener Ingwer
4 EL Sojasauce
1 EL dunkles Sesamöl
3 EL süß-scharfe Chilisauce
1 EL Honig
1 rote Zwiebel
20 g Ingwer
2 Knoblauchzehen
100 g Grünkohl
100 g Austernpilze
1 rote Paprikaschote
1 EL Kokosöl
2 EL gehackte Cashewkerne

35 Minuten Zubereitung

pro Portion: 650 kcal,
23 g EW, 30 g F, 64 g KH

Ich als Norddeutscher brauche Ihnen sicher nicht zu sagen, dass ich ein großer Grünkohl-Fan bin. Die Variante mit Kartoffeln, Kochwurst, Bauchspeck oder Kassler bevorzuge ich allerdings nur einmal im Jahr – natürlich im Winter. Hier mein ultimativer Asia-Grünkohl ... für das restliche Jahr!

1. Den Couscous in einem Topf nach Packungsanweisung garen und warm halten. Inzwischen für die Sauce Erdnussmus, Limettensaft, geriebenen Ingwer, Sojasauce, Sesamöl, Chilisauce und Honig in einer kleinen Schüssel gründlich verrühren.

2. Zwiebel, Ingwer und Knoblauch schälen und fein würfeln. Den Grünkohl von den Rippen zupfen, waschen, trocken schleudern und in mundgerechte Stücke schneiden. Austernpilze putzen, falls nötig, trocken abreiben und in Streifen zupfen. Paprika längs halbieren, putzen, waschen und in schmale Streifen schneiden.

3. Das Öl in einer Pfanne erhitzen und Zwiebel, Ingwer und Knoblauch darin bei mittlerer Hitze andünsten. Grünkohl, Pilze und Paprika dazugeben und alles bei mittlerer Hitze etwa 10 Minuten garen. Dabei, falls nötig, noch etwas Wasser dazugeben.

4. Den Couscous auf Teller verteilen und das Gemüse darübergeben. Mit den Nüssen bestreuen und die Sauce darüberträufeln.

BRAIN-FACTOR

Vom unscheinbaren Winterkohl zum hippen Gemüse – Grünkohl liegt im Trend. Kein Wunder, denn er ist nach Brunnenkresse das Gemüse mit dem höchsten ORAC-Wert (Oxygen Radical Absorption Capacity). Dieser ermittelt die antioxidative Kraft eines Nahrungsmittels. Je höher der ORAC, desto stärker ist die Fähigkeit eines Lebensmittels, freie Radikale zu neutralisieren. Grünkohl steckt voller Antioxidantien – darunter vor allem dem Flavonoid-Duo Kämpferol und Quercetin. Beide sollen entzündungshemmend, antimikrobiell und schützend auf das Herz wirken.

Bananenkuchen
mit Nüssen und Gewürzen

Zutaten
für 1 Kastenform
(ca. 25 cm Länge;
für 10 Scheiben)

Für den Kuchen
2–3 sehr reife Bananen
150 ml ungesüßter Mandel-
drink
4 EL Chiasamen
2 EL Mandelmus
1 EL Kokosöl
1 TL gemahlene Vanille
2 EL Mandelmehl
2 EL Kokosmehl
2 EL Quinoaflocken
1 TL Weinsteinbackpulver
1 Prise Salz
120 g ganze Nusskerne
nach Wahl
1 TL Spekulatiusgewürz

Für das Topping
1 kleine Banane
1 EL Kokosraspel
etwas Honig

10 Minuten Zubereitung
+ 1 Stunde Ruhen
+ 40 Minuten Backen

pro Scheibe: 200 kcal,
5 g EW, 15 g F, 10 g KH

Dieser wunderbar saftig-nussige Kuchen eignet sich als schnelles Frühstück oder als Snack zwischendurch. Er ist herrlich saftig und hat durch die ganzen Nüsse trotzdem „Biss". Je reifer die Bananen, desto besser schmeckt er!

1. Für den Kuchen die Bananen schälen und mit einer Gabel in einer Rührschüssel fein zerdrücken. Mandeldrink, Chiasamen, Mandelmus und Öl untermischen. Die Masse abgedeckt etwa 1 Stunde ruhen lassen – in dieser Zeit quellen die Chiasamen auf und geben dem Teig Bindung.

2. Den Backofen auf 180 °C vorheizen. Die Backform mit Backpapier auslegen. Die restlichen Zutaten unter den Teig mischen und alles in die Form füllen. Für das Topping die Banane schälen, längs halbieren und auf den Kuchen legen, mit Kokosraspeln bestreuen und mit Honig beträufeln.

3. Den Kuchen im Ofen auf der unteren Schiene 30 bis 40 Minuten backen. Danach den Ofen ausschalten und den Kuchen bei leicht geöffneter Ofentür abkühlen lassen. Lauwarm oder kalt servieren.

BRAIN-FACTOR

Bananen sind eine ideale Zwischenmahlzeit, vor allem bei Prüfungen oder in Stresssituationen. Ihr Anteil an Glukose (Traubenzucker) und Fruktose (Fruchtzucker) ist sehr hoch und wirkt kurzfristiger als komplexe Kohlenhydrate. Das gibt dem Hirn einen Energiekick und verbessert die Reaktions- und Denkfähigkeit. Zudem enthalten die Tropenfrüchte Magnesium, B-Vitamine und Kalium. Diese Vitalstoffe beruhigen die Nerven, optimieren das Gedächtnis und schaffen eine verbesserte Ausgangslage für Entscheidungen.

Nuss-Möhren-Schnitten
mit Schoko-Sahne-Topping

Zutaten für
1 quadratische Backform
(ca. 24 x 24 cm;
für 16 Stücke)

Für den Kuchen
400 g Möhren
1/2 Bio-Zitrone
200 g Walnusskerne
4 Eier (Größe M)
Salz
120 g brauner Rohrohrzucker
1/4 TL gemahlene Vanille
50 g Vollkorndinkelmehl
2 TL Weinsteinbackpulver
1 TL Zimtpulver
1/2 TL Nelkenpulver

Für das Topping
20 g Bitterschokolade
(mind. 75 % Kakao)
150 g Sahne
200 g Frischkäse
(Halbfettstufe)
2 EL Orangensaft
2 EL Honig

45 Minuten Zubereitung
+ 35 Minuten Backen
+ 1 Stunde Abkühlen

pro Stück: 220 kcal,
6 g EW, 14 g F, 16 g KH

Ich versuche Walnüsse so oft wie möglich in meine Mahlzeiten einzubauen: ins Müsli, in einen Salat oder Kuchen. Diese Schnitten wirken wie natürliche Powerriegel – damit kann man sich wunderbar über ein Leistungstief hinweg-„snacken".

1. Backofen auf 200 °C vorheizen. Die Backform mit Backpapier auslegen. Für den Kuchen Möhren putzen, schälen und fein raspeln. Zitrone heiß waschen, abtrocknen, die Schale fein abreiben, Saft auspressen. Beides mit den Möhren mischen. Walnüsse fein reiben. Eier trennen. Eiweiße mit 1 Prise Salz steif schlagen. Eigelbe mit Zucker und Vanille dickcremig schlagen. Nüsse, Mehl, Backpulver, Zimt und Nelken mischen. In zwei Portionen mit dem Möhren-Mix unter die Eigelbmasse rühren, dann den Eischnee locker unterheben.

2. Den Teig in die Form füllen und im Ofen auf der unteren Schiene 30 bis 35 Minuten backen. Herausnehmen und kurz abkühlen lassen, dann aus der Form lösen und auf einem Kuchengitter etwa 1 Stunde abkühlen lassen.

3. Für das Topping währenddessen die Schokolade grob raspeln. Die Sahne steif schlagen. Den Frischkäse mit Orangensaft und Honig glatt verrühren und die Sahne unterheben. Die Frischkäsecreme wolkenartig auf dem Kuchen verteilen und mit der Schokolade bestreuen. Zum Servieren den Kuchen in Stücke schneiden.

BRAIN-FACTOR
Walnüsse stecken voller Nährstoffe, die unser Gehirn schützen und fit halten. Das liegt an ihrem hohen Gehalt an mehrfach ungesättigten Fettsäuren und B-Vitaminen. Sie verbessern die Konzentration und beugen Nervosität, Stress und Müdigkeit vor. Reichlich Vitamin E schützt die Gefäße im Gehirn vor Verkalkung. Daneben enthalten Walnüsse viele Verbindungen mit Antioxidantien wie Vitamine, Mineralstoffe und Polyphenole. Sie sind wichtig für unser Hirn, weil sie im Kampf gegen freie Radikale, die im Verdacht stehen, Alzheimer auszulösen, besonders „schlagkräftig" und effizient sind.

Frische Vielfalt

Abwehrstoffe aus Gemüse und Kräutern

In Salaten und Gemüse steckt antioxidatives Potenzial. Und das kann uns helfen, unsere Schaltzentrale vor dem Angriff von freien Radikalen zu schützen. Diese entstehen durch äußere Einflüsse (wie UV-Strahlung, Abgase, Medikamente, Umweltgifte), werden aber auch natürlich bei der Weiterverarbeitung von Sauerstoff (Energiegewinnung) in unserem Körper gebildet. Während unser Körper mit einem „normalen" Maß an freien Radikalen locker selbst fertig werden kann und dieses sogar wichtig für unsere Immunabwehr ist, können freie Radikale im Übermaß Zellstrukturen zerstören.

Antioxidantien fangen – etwas vereinfacht gesagt – freie Radikale und machen sie unschädlich. Eine Schlüsselrolle beim Unschädlichmachen spielt das Antioxidans Vitamin E: Es neutralisiert freie Radikale, sobald sie entstehen. Beste Lieferanten von Vitamin E sind Grünkohl, Spinat, Weiß- und Rotkohl, Süßkartoffeln, Spargel, Avocados, Kürbis und (Wal-)Nüsse. Auch Vitamin C zählt zu den Antioxidantien. Da beide quasi „zusammenarbeiten", sollten auch Sie mit beiden immer gut versorgt sein. Gute Quellen für Vitamin C sind Zitrusfrüchte, Beeren, Tomaten und Paprikas. Sie liefern auch Beta-Carotin,

ebenfalls ein Antioxidans und die Vorstufe von Vitamin A. Es gibt Studien, die einen Mangel an Vitamin C und Beta-Carotin mit einem erhöhten Risiko für Alzheimer-Demenz assoziieren.

Grünkohl und Spinat sind auch wichtige Magnesiumlieferanten. Eine gute Zufuhr von Magnesium kann die Freisetzung von Stresshormonen hemmen. Magnesium schützt unser Zentralnervensystem vor Überstimulation. So eine Reizüberflutung kann zum Absterben von Nervenzellen führen. Wenn uns Magnesium fehlt, ist unser Nervensystem erhöht erregbar. Abseits des Gehirns können Sie das zum Beispiel an Verspannungen oder dem berühmten Muskelzucken bemerken.

Ich kann Ihnen nur wärmstens empfehlen, Salat, Obst und Gemüse jeden Tag ganz oben auf Ihren Speiseplan zu setzen. Denn mal abgesehen von den positiven Effekten, die ihre einzelnen Inhaltsstoffe auf unsere Gesundheit haben, ist es wahrscheinlich eher das Zusammenspiel der Inhaltsstoffe, das uns gut tut. Das und die Wechselwirkung mit anderen Lebensmitteln machen eine frische, farbenfrohe Vielfalt von Salat, Obst und Gemüse auf unseren Tellern unentbehrlich!

Zum Thema „Schutzfunktion der Radikalfänger" sei zur Vollständigkeit noch gesagt, dass einige Experten andere Gründe für die guten Effekte von Obst und Gemüse auf unser Gehirn sehen. Sie sind der Ansicht, dass die toxischen Stoffe, die die Pflanzen zur Selbstverteidigung einsetzen, unsere Zellen unter eine Art moderaten Stress setzen. Diese Stimulation, die auf unsere Zellen wirkt, soll sie widerstandsfähiger machen.

Smoothies

Ich bin ein absoluter Smoothie-Fan: Schnell morgens zum Mitnehmen, einfach mal zwischendurch oder nach dem Sport als Energiebooster. Der Grüne Smoothie ist super erfrischend, der Erdnuss-Smoothie schön cremig, der Beeren-Smoothie herrlich süß und der Heidelbeer-Booster unglaublich sämig.

Grüner Smoothie

Zutaten für 2 Gläser (à ca. 250 ml Inhalt): 1 große Handvoll jungen Spinat verlesen und waschen. 1 reife Birne (175 g) waschen und grob schneiden. Beides mit dem Saft von 1/2 Zitrone, 1 EL Chia- oder Leinsamen, 3 mittelgroßen Datteln (ohne Stein) und 300 ml Kokoswasser im Mixer fein pürieren. Zum Servieren auf die Gläser verteilen.

5 Minuten Zubereitung
pro Portion: 190 kcal,
3 g EW, 2 g F, 35 g KH

Gluten frei   Laktose frei   Vegan

Erdnuss-Smoothie

Zutaten für 2 Gläser (à ca. 250 ml Inhalt:) 3 EL Haferflocken, 1 Prise Zimtpulver, 1 EL Erdnussmus (oder 2 EL entöltes Erdnusspulver) in den Mixer geben. 1 kleine Banane schälen, grob schneiden und 300 ml ungesüßten Mandeldrink hinzufügen. Alles fein pürieren. Zum Servieren auf die Gläser verteilen.

5 Minuten Zubereitung
pro Portion: 170 kcal,
6 g EW, 8 g F, 18 g KH

Laktose frei   Vegan

Heidelbeer-Booster

Zutaten für 2 Gläser (à ca. 300 ml Inhalt): 150 g Heidelbeeren verlesen, waschen und in den Mixer geben. 1 Banane schälen, grob schneiden und 300 ml ungesüßten Mandeldrink sowie 100 ml Wasser hinzufügen. Mit 1 Msp. gemahlener Vanille würzen und alles im Mixer etwa 3 Minuten cremig pürieren. Zum Servieren auf die Gläser verteilen.

8 Minuten Zubereitung
pro Portion: 100 kcal,
2 g Ew, 2 g F, 15 g KH

Gluten frei   Laktose frei   Vegan

Rote-Beeren-Smoothie

Zutaten für 2 Gläser (à ca. 400 ml Inhalt) 100 g tiefgekühlte Beeren in den Mixer geben. 50 g Kirschen waschen, entstielen und entsteinen. 50 g Himbeeren verlesen und waschen. 200 Mangofruchtfleisch schälen und grob schneiden. Das Obst zu den Beeren in den Mixer geben, mit 4 EL Haferflocken, 2 EL Açai-Pulver und 400 ml Wasser etwa 3 Minuten cremig pürieren. Zum Servieren auf die Gläser verteilen. Wer es süßer mag, kann Datteln, Honig oder ein anderes Süßungsmittel nach Geschmack hinzufügen.

8 Minuten Zubereitung
pro Portion: 170 kcal,
4 g EW, 2 g F, 28 g KH

Laktose frei   Veggie

Rucola-Pfirsich-Salat
mit Parmaschinken

Glutenfrei

**Zutaten
für 2 Personen**

**Saft von 1 Zitrone
Salz, Pfeffer aus der Mühle
4 EL Olivenöl
3 Weinbergpfirsiche
(ersatzweise normale
Pfirsiche)
150 g Rucola
1/4 Bund frische Minze
100 g Parmaschinken
(in dünnen Scheiben)
1 Kugel Büffelmozzarella
(150 g)**

15 Minuten Zubereitung

pro Portion: 590 kcal,
27 g EW, 45 g F, 17 g KH

Diesen Salat habe ich auf einer meiner Reisen nach Italien kennen- und lieben gelernt. Für dieses Rezept empfehle ich Ihnen Weinbergpfirsiche zu verwenden. Sie sind kleiner, etwas flacher, nicht so süß und haben ein wunderbar intensives Pfirsicharoma!

1. Für das Dressing den Zitronensaft mit Salz, Pfeffer und Öl in einer kleinen Schüssel gründlich verrühren.

2. Die Pfirsiche waschen, halbieren, entsteinen und in dünne Spalten schneiden. Den Rucola verlesen, waschen und trocken tupfen. Die Minze waschen, trocken tupfen, die Blätter abzupfen und in feine Streifen schneiden.

3. Den Rucola auf einer Platte oder Tellern verteilen und mit den Pfirsichspalten belegen. Den Parmaschinken und den Mozzarella in grobe Stücke zupfen und über den Salat streuen. Zum Servieren alles mit Minze garnieren und mit dem Dressing beträufeln.

BRAIN-FACTOR

Rucola ist eine Top-Quelle für Folsäure – ein Vitamin, das an vielen wichtigen Stoffwechselvorgängen im Körper beteiligt ist. Es spielt bei zahlreichen Wachstumsprozessen eine wichtige Rolle, und wirkt bei der Bildung von roten Blutkörperchen im Knochenmark und der Vervielfältigung des Erbguts mit. Folsäure kann aber auch das Gehirn älterer Menschen auf Trab bringen. Denn das Nachlassen kognitiver Fähigkeiten im Alter hängt zum Teil mit einem Ungleichgewicht zwischen Folsäure und Homocystein im Blut zusammen. Homocystein ist ein Stoffwechselprodukt, das die Gefäße schädigt und zu Demenz und auch Alzheimer führen kann. In verschiedenen Studien wurde bereits nachgewiesen, dass Folsäure den Homocystein-Spiegel senken kann.

Avocadosalat
mit Tomaten und Feta

Zutaten
für 2 Personen

1 große Avocado
150 Rispentomaten
150 g Feta (Schafskäse)
1 Schalotte
1 kleine Handvoll Basilikumblätter
3 EL Balsamico bianco
2 EL Olivenöl
Salz, Cayennepfeffer

15 Minuten Zubereitung

pro Portion: 480 kcal,
14 g EW, 41 g F, 10 g KH

Lange konnte ich mich nicht für Acovados begeistern. Aber inzwischen liebe ich ihre cremige Konsistenz und die vielen guten Stoffe, die in ihnen stecken. Der Salat schmeckt auf Brot, zu gegrilltem Fleisch und Fisch oder zu Eierspeisen.

1. Die Avocado halbieren, entkernen, schälen und würfeln. Die Tomaten waschen und würfeln. Den Feta ebenfalls in Würfel schneiden. Die Schalotte schälen und fein würfeln. Basilikum waschen, trocken tupfen und nach Belieben in feine Streifen schneiden.

2. Avocado, Tomaten, Feta und Schalotte in einer Salatschüssel vorsichtig mischen. Essig und Öl hinzufügen, alles vermengen zuletzt mit Salz und Cayennepfeffer würzen. Zum Servieren auf Teller verteilen und mit dem Basilikum bestreuen.

MEIN KÜCHENTIPP
Auch wenn sie super schmecken: Avocados sollten nur in Maßen auf Ihrem Einkaufszettel stehen. Ihr Anbau ist aufwendig und verbraucht sehr viel Wasser. Durch lange Transportwege und die Kühlkette ist ihr CO_2-Footprint eher schlecht.

BRAIN-FACTOR

Die Avocado enthält bis zu 30 Prozent Fett. Allerdings ein besonders wertvolles – ohne Cholesterin, dafür mit viel doppelt ungesättigten Omega-3-Fettsäuren. Diese sorgen für einen reibungslosen Ablauf in unserer Denkzentrale und damit für ein gutes Gedächtnis. Außerdem steckt in der Tropenfrucht eine geballte Ladung an B-Vitaminen in höchster Konzentration. Nicht zuletzt diesen B-Vitaminen und reichlich Lecithin ist es zu verdanken, dass die Avocado ein Geheimtipp gegen Vergesslichkeit ist.
Übrigens ist auch das zum Thema Fette wichtig: Für die kalte Küche eignen sich vor allem kalt gepresste Oliven-, Raps- oder Walnussöle, denn sie liefern reichlich ungesättigte Fettsäuren.

Spargelsalat
mit Tomaten und Parmesan

Zutaten
für 2 Personen

Für den Salat
500 g weißer Spargel
Salz
Zucker
80 g Erbsen
(frisch oder tiefgekühlt)
150 g Cocktailtomaten
2 EL Parmesanspäne zum
Bestreuen

Für die Vinaigrette
1 EL Estragonblätter
4 EL Aceto balsamico
2 EL Olivenöl
1 TL Dijon-Senf
Salz, Pfeffer aus der Mühle

40 Minuten Zubereitung

pro Portion: 240 kcal,
10 g EW, 13 g F, 15 g KH

Warum Spargel gut für unser Gehirn ist, erfahren Sie auf Seite 88. Hier verwende ich für meinen Salat weißen Spargel. Die Farbe bestimmt übrigens das Sonnenlicht: Weißer Spargel wächst unter der Erde, grüner wächst weitgehend über der Erde und verfärbt sich durch das Sonnenlicht grün.

1. Den Spargel waschen, schälen und die holzigen Enden abschneiden. Den Spargel in einem großen Topf in Salzwasser mit 1 Prise Zucker etwa 15 Minuten (je nach Dicke der Stangen) bissfest garen. Etwas Sud für die Vinaigrette aufheben. Währenddessen die Erbsen waschen und in kochendem Salzwasser etwa 2 Minuten blanchieren. In ein Sieb abgießen, kalt abschrecken und abtropfen lassen.

2. Für die Vinaigrette den Estragon waschen, trocken tupfen, fein hacken und mit den restlichen Zutaten sowie 3 bis 4 EL heißem Spargelsud in einer kleinen Schüssel gründlich mischen.

3. Die Tomaten waschen und halbieren. Den Spargel noch heiß auf einer Platte anrichten und mit der Vinaigrette beträufeln. Kurz durchziehen lassen, dann mit Tomaten, Erbsen und Parmesan bestreuen.

BRAIN-FACTOR

In Tomaten stecken wertvolle, hochkonzentrierte Antioxidantien. Ihre Farbe verdanken sie dem Lycopin, das laut einigen Studien sogar wirksamer ist als Beta-Carotin. Durch Erhitzen und in Kombination mit Ölen kann Lycopin vom Körper besser aufgenommen werden. Es unterstützt die Zerstörung gehirnschädigender freier Radikale, stärkt unser Gedächtnis, minimiert das Risiko für Herzerkrankungen und könnte sogar gegen einige Krebsarten vorbeugend wirken. Andere Nährstoffe der Tomate wie Uridin und Cholin sollen an der Reparatur von Zellmembranen im Gehirn beteiligt sein.

Asia-Gurkensalat
mit Nüssen und Koriander

Zutaten
für 2 Personen (als Beilage)

1 große Salatgurke
2 EL dunkles Sesamöl
2 EL Sojasauce
etwas Honig
Saft von 1 Limette
1 EL Fischsauce
1 EL süß-scharfe Chilisauce
10 g Ingwer
1 Knoblauchzehe
1/2 mittelscharfe Chilischote
1 kleine Handvoll Koriander-grün
3 EL gehackte Erdnusskerne
2 EL frittierte Zwiebeln
(Fertigprodukt; ersatzweise
1 milde Zwiebel, in dünnen
Ringen)

25 Minuten Zubereitung

pro Portion: 280 kcal,
9 g EW, 19 g F, 14 g KH

Gurken mag ich einfach besonders gern – hier ein frisches, knackiges Rezept mit einer leichten Schärfe. Es ist schnell zubereitet und macht auch auf jedem Salatbuffet, ob bei Freunden oder im Sportverein, eine ziemlich gute Figur. Versprochen!

1. Die Gurke waschen oder schälen, längs halbieren und die Kerne mit einem Teelöffel entfernen. Anschließend die Gurkenhälften in dünne Scheiben schneiden.

2. Für das Dressing Sesamöl, Sojasauce, Honig, Limettensaft, Fischsauce und Chilisauce in einer Salatschüssel verrühren und die Gurken unterheben. Den Salat bis zum Servieren ziehen lassen.

3. Inzwischen Ingwer und Knoblauch schälen, beides fein würfeln. Die Chilischote längs halbieren, je nach Schärfegrad entkernen, waschen und in Ringe schneiden. Den Koriander waschen, trocken tupfen, die Blätter abzupfen und grob hacken. Die Erdnüsse in einer Pfanne ohne Fett bei mittlerer Hitze hell rösten. Vom Herd nehmen und abkühlen lassen.

4. Zum Servieren Ingwer, Knoblauch, Chili und Koriander unter den Gurkensalat mischen, mit Erdnüssen und den frittierten Zwiebeln oder Zwiebelringen bestreuen.

BRAIN-FACTOR

Die Gurke ist wie ein natürlicher Wasserspender – sie besteht zu 95 Prozent aus Wasser und ist daher sehr kalorienarm. Greifen Sie am besten zu Bio-Gurken – die können Sie beruhigt mit Schale essen und somit wertvolle B-Vitamine aufnehmen. Sie helfen Fett, Eiweiße und Kohlenhydrate zu verstoffwechseln, um Energie zu gewinnen. Fehlt zum Beispiel Vitamin B_1, macht sich dieser Mangel besonders in Gehirn und Nerven, die auf Glukose angewiesen sind, bemerkbar. Die Folgen sind Abgeschlagenheit, Müdigkeit, geistige Trägheit und Gereiztheit. Daher ist die Gurke echte Nervennahrung.

Spinatsalat
mit Erbsen und Feta

**Zutaten
für 2 Personen**

Für das Dressing
**1 Sardelle (in Lake;
ersatzweise 1 Prise Salz)**
4–5 EL Olivenöl
4–5 EL Zitronensaft
Pfeffer aus der Mühle

Für den Salat
250 g junger Spinat
200 g Erbsen
(frisch oder tiefgekühlt)
150 g Feta (Schafskäse)

20 Minuten Zubereitung

**pro Portion: 540 kcal,
22 g EW, 42 g F, 15 g KH**

Mein Lieblingssalat, wenn es mal wirklich schnell gehen muss. Ich esse ihn pur oder auch als Beilage zu gegrilltem Fleisch. Die Kombination aus dem zarten Babyspinat und der Süße der grünen Erbsen ist einfach genial!

1. Für das Dressing die Sardelle abtropfen lassen und fein hacken. Alle Zutaten in einer kleinen Schüssel gut mischen – am besten gelingt das in einem hohen Rührbecher mit dem Stabmixer oder durch kräftiges Schütteln in einem verschlossenen Schraubglas.

2. Für den Salat den Spinat verlesen, waschen und trocken schleudern. Mit den Erbsen (Tiefkühlware rechtzeitig auftauen lassen!) in eine Salatschüssel geben und mit dem Dressing mischen. Alles auf Teller verteilen und den Feta darüberbröckeln.

MEIN KÜCHENTIPP
Wer mag, kann noch ein paar geröstete Haselnusskerne zum Salat geben. Als Farbtupfer eignen sich außerdem halbierte Cocktailtomaten (siehe Foto).

BRAIN-FACTOR

In Spinat steckt zwar nicht so viel Eisen, wie durch einen Fehler von Physiologe Gustav von Bunge angenommen (er hatte getrockneten, also quasi Konzentrat, statt frischen Spinat untersucht). Das grüne Blattgemüse enthält aber drei Vitamine gegen freie Radikale, die gemeinsam sehr viel stärker sind als einzeln: Beta-Carotin, Vitamin E und Vitamin C. Daher gilt Spinat neben Tomaten und Möhren als Top-Gemüse, um Krebs und Herz-Kreislauf-Beschwerden vorzubeugen. Weiteres Plus: Spinat enthält viel Lutein – ein bestimmtes Carotinoid, das vor allem im rohen Gemüse in hoher Konzentration vorkommt. Wissenschaftler vermuten, dass der Pflanzenstoff unser Gehirn vor frühzeitigem Altern bewahrt und hilft, geistig fit zu bleiben.

Artischockensalat
mit Pecorinospänen

Zutaten
für 2 Personen
(als Vorspeise oder Beilage)

Saft von 1 Zitrone
4 junge Artischocken
Meersalzflocken
4 EL Olivenöl
80 g Pecorinospäne
(ersatzweise Parmesan)
Pfeffer aus der Mühle

25 Minuten Zubereitung
+ 15 Minuten Einlegen

pro Portion: 370 kcal,
16 g EW, 30 g F, 3 g KH

Für dieses Rezept empfehle ich Ihnen nicht die großen, faustdicken Blütenköpfe, sondern die jungen, etwas kleineren und meist leicht violetten Exemplare. Ihre Saison haben Artischocken im Frühjahr – mit etwas Glück bekommen Sie dann im Handel auch schon vorgeputzte Exemplare.

1. Eine Schüssel mit Wasser füllen und den Zitronensaft dazugeben. Von den Artischocken jeweils den Stiel sowie die harten Blattspitzen im oberen Teil abtrennen, die verbliebenen Blätter rund um den Artischockenboden so weit abschneiden, bis sich die Blätter weich anfühlen und gut beißen lassen. Je nach Artischocke das obere Drittel oder die obere Hälfte abschneiden und die restliche Artischocke halbieren. Das „Heu" mit einem Teelöffel oder Kugelausstecher entfernen und die Artischockenböden von der Blattseite in möglichst feine Streifen schneiden. Sofort ins Zitronenwasser legen und darin mindestens 15 Minuten ruhen lassen.

2. Die Artischocken aus dem Zitronenwasser nehmen und trocken tupfen. Auf einer Platte verteilen und mit Meersalz würzen. Das Öl darüberträufeln, alles mit Käse bestreuen und mit Pfeffer würzen.

MEIN KÜCHENTIPP
Das Zitronenwasser verhindert, dass sich die Artischocken bräunlich verfärben beziehungsweise „oxidieren".

BRAIN-FACTOR

Am Anfang des Buchs hatte ich Ihnen von der Verbindung zwischen Gehirn und Bauch erzählt: Unsere Darmflora kann das Gehirn krank machen. Artischocken können dafür sorgen, dass es unserem Bauch gut geht. Sie enthalten den wasserlöslichen Ballaststoff Inulin, der im Magen und Dünndarm nicht aufgespalten wird. So kommt er unverändert im Dickdarm an, die nützlichen Darmbakterien (Bifidobakterien) stürzen sich auf das sogenannte Präbiotikum, verwerten es bevorzugt und vermehren sich. „Schlechte" Bakterien können mit Inulin nichts anfangen und finden wenig Nahrung, um zu überleben.

Rote-Bete-Feldsalat
mit Kürbis und Ziegenkäse

Zutaten
für 2 Personen

Für den Salat
300 g Rote Beten
2 rote Zwiebeln
500 g Hokkaido-Kürbis
2 EL Zatar-Gewürz
(siehe Tipp)
1 EL Olivenöl
Salz, Pfeffer aus der Mühle
100 g Feldsalat
30 g Walnusskerne
100 g Ziegenkäserolle

Für die Vinaigrette
1/4 Bund Petersilie
4 EL Aceto balsamico
Saft von 1/2 Zitrone
1 EL Leinöl
1 EL Olivenöl
Salz, Pfeffer aus der Mühle

50 Minuten Zubereitung
+ 15 Minuten Garen

pro Portion: 540 kcal,
14 g EW, 35 g F, 35 g KH

Jede Jahreszeit verbinde ich mit einem Lieblingsgemüse, im Herbst ist das ganz klar der Kürbis! Im Ofen gebacken entwickelt er in Kombination mit Zwiebel und Roter Bete eine tolle, an Karamell erinnernde Süße.

1. Den Backofen auf 200 °C vorheizen. Ein Backblech mit Backpapier belegen. Für den Salat Rote Beten und Zwiebeln schälen, beides in etwa 1 cm große Würfel schneiden (Rote Beten am besten mit Einweghandschuhen verarbeiten!). Den Kürbis waschen, Kerne und Fasern mit einem Löffel entfernen, den Kürbis in etwa 2 cm große Stücke schneiden. Das Gemüse in einer Schüssel mit Zatar, Öl, Salz und Pfeffer mischen, gleichmäßig auf dem Bachblech verteilen und im Ofen auf der mittleren Schiene 12 bis 15 Minuten garen.

2. Inzwischen für die Vinaigrette die Petersilie waschen, trocken tupfen, Blätter abzupfen und fein hacken. Mit den restlichen Zutaten verrühren. Feldsalat verlesen, waschen und trocken schleudern. Die Walnüsse grob hacken. Ziegenkäse mit den Händen zerbröckeln.

3. Das Gemüse aus dem Ofen nehmen und etwas abkühlen lassen. Feldsalat mit der Vinaigrette mischen und auf einer Platte anrichten, Gemüse darauf verteilen, mit Nüssen und Ziegenkäse bestreuen.

MEIN KÜCHENTIPP
Zatar ist eine Gewürzmischung, die gern in der arabischen Küche verwendet wird. Sie enthält beispielsweise wilden Thymian, den säuerlichen Sumach und geröstete Sesamsamen. Erhältlich im Supermarkt.

BRAIN-FACTOR

In Roten Beten stecken viele Antioxidantien, die freie Radikale abfangen und das Immunsystem stärken. Ihr Nitrat wird im Körper unter anderem zu Stickstoffmonoxid umgewandelt – das wiederum fördert die Durchblutung. Unser Gehirn ist also besser mit Sauerstoff versorgt. Vor allem in Verbindung mit Sport soll dieser Effekt wirksam sein. Außerdem enthält Rote Bete Folsäure und Eisen.

Kartoffelsalat
Nord und Süd

Glutenfrei

Zutaten
für 2–3 Personen
(als Beilage)

400 g festkochende
Kartoffeln, Salz

Für die Variante Nord
75 g Mayonnaise light
50 g Magerquark
2 EL Weißweinessig
40 ml Gurkeneinlegesud
1/2 rote Zwiebel
2–3 Essiggurken
100 g magere Speckwürfel
Salz, Pfeffer aus der Mühle

Für die Variante Süd
1 Zwiebel
100 g magere Speckwürfel
150 ml Gemüsebrühe
4 EL Kräuteressig
1 EL glutenfreier Dijon-Senf
3 EL Sonnenblumenöl
Salz, Pfeffer aus der Mühle
1/2 Salatgurke (entkernt und
in dünnen Scheiben)
6–8 Radieschen
(in dünnen Scheiben)
1/2 Bund gehackte Petersilie

40 Minuten Zubereitung

pro Portion Karoffelsalat
Nord (bei 3): 300 kcal,
14 g EW, 14 g F, 26 g KH

pro Portion Karoffelsalat
Süd (bei 3): 280 kcal,
11 g EW, 14 g F, 24 g KH

Eines der ersten Rezepte, das ich von meiner Mutter bekommen habe, war ihr grandioser norddeutscher Kartoffelsalat. Für mich wird er immer der unangefochtene Favorit bleiben! Allerdings liebe ich genauso die bayrisch-schwäbische Küche…

1. Für beide Varianten die Kartoffeln waschen und mit Schale in Salzwasser etwa 20 Minuten weich garen. Abgießen und kurz ab-kühlen lassen, dann pellen und in 1/2 cm dicke Scheiben schneiden.

2. Für die Variante Nord Mayonnaise mit Quark, Essig und Gurken-einlegesud glatt verrühren. Zwiebel schälen, mit den Essiggurken fein würfeln und zum Dressing geben. Speck in einer Pfanne ohne Fett knusprig braten, mit dem Dressing zu den Kartoffeln geben. Den Salat gut mischen und mit Salz und Pfeffer abschmecken.

3. Für die Variante Süd die Zwiebel schälen und fein würfeln. Den Speck in einer Pfanne ohne Fett anbraten, die Zwiebel dazugeben und hell dünsten. Die Brühe dazugießen und alles kurz aufkochen. Den Essig hinzufügen und alles 3 bis 4 Minuten leicht einköcheln lassen. Dann die Speck-Zwiebel-Mischung vom Herd nehmen, den Senf unterrühren und alles noch heiß über die Kartoffeln gießen. Das Öl untermischen, den Salat mit Salz und Pfeffer würzen und gut mischen. Dann noch kurz ziehen lassen, damit die Kartoffeln mög-lichst viel Flüssigkeit aufnehmen. Falls nötig, noch etwas Brühe oder Essig dazugießen. Zuletzt Gurke und Radieschen untermischen und den Salat mit der Petersilie bestreut servieren.

BRAIN-FACTOR

Kartoffeln sind reich an Ballaststoffen, die unserem Gehirn lange ein Sättigungsgefühl melden. Sie enthalten viel Kalium (gut fürs Herz), Eiweiß und Vitamin C. Ihre Folsäure unterstützt die Zellerneu-erung. Vitamin B_1 soll unser Wohlbefinden verbessern und dafür sorgen, dass unser Gehirn langsamer altert. Bei Kauf und Aufbewah-rung unbedingt Kartoffeln mit grünen Stellen oder Keimen links liegen lassen – sie können das giftige Alkaloid Solanin enthalten.

Salatdressings,
Saucen und Dips

Mein Caesar-Salad-Dressing

Zutaten für 4 Portionen: 1 Knoblauchzehe schälen, mit 1 EL Kapern und
4 Sardellen (in Lake) hacken. Mit 6 EL
Weißweinessig, 1 EL Dijon-Senf, 1 frischem (!) Eigelb, 2 EL geriebenem Parmesan, 4 EL Olivenöl, 2 EL griech. Joghurt (10 % Fett) und 1/2 TL Räucherpaprikapulver in einem verschlossenen
Schraubglas kräftig schütteln.

10 Minuten Zubereitung
pro Portion: 110 kcal,
0 g EW, 12 g F, 0 g KH

Basisvinaigrette

Zutaten für 2 Portionen (ca. 125 ml):
3 EL Weißweinessig, 5 EL Olivenöl,
1 TL Dijon-Senf, Salz und Pfeffer aus der
Mühle in ein Schraubglas füllen. Gut verschließen und kräftig schütteln.

5 Minuten Zubereitung
pro Portion 230 kcal,
0 g EW, 25 g F, 0 g kH

Avocadodressing

Zutaten für 2 Portionen: 1 Avocado halbieren, entkernen, schälen. 1 Knoblauchzehe schälen. 1 kleine Handvoll
Basilikumblätter waschen und trocken
tupfen. Avocado, Knoblauch und Basilikum mit 1 Prise Zwiebelpulver, Saft von
1/2 Zitrone, 2 EL Weißweinessig, 1/2 TL
Paprikapulver (rosenscharf), Salz und
Pfeffer aus der Mühle im Mixer pürieren.

10 Minuten Zubereitung
pro Portion: 130 kcal,
2 g EW, 10 g F, 4 g KH

Joghurtdressing

Zutaten für 2 Portionen (ca. 125 ml):
100 g Naturjoghurt mit 2 EL Gewürz-
essig, 1 TL getr. Estragon, 1 fein gewürfelte Schalotte, 1 EL Schnittlauchröll-
chen, Salz und Pfeffer aus der Mühle in
ein Schraubglas füllen, gut verschließen
und kräftig schütteln.

10 Minuten Zubereitung
pro Portion: 45 kcal,
2 g EW, 2 g F, 3 g KH

Grüne Chimichurri

Zutaten für 2 Portionen: 1 Knoblauchzehe und 1/2 Schalotte schälen und grob
würfeln. 1 Bund Petersilie und 1/2 Bund
Oregano waschen und trocken tupfen.
1 milde Chilischote längs halbieren, entkernen und waschen. Alles mit 1 TL getr.
Thymian, 4 EL Olivenöl, 2 EL Rotweinessig, Salz und Pfeffer aus der Mühle im
Mixer grob pürieren. Hält sich gekühlt
mehrere Tage. Für ein intensiveres Aroma
noch 1 Lorbeerblatt dazugeben.

**15 Minuten Zubereitung
pro Portion: 200 kcal,
2 g EW, 20 g F, 3 g KH**

Gluten frei · Laktose frei · Vegan

Tahin-Dip

Zutaten für 2 Portionen: 5 EL Naturjoghurt, 2 EL Tahin (Sesampaste), 1 TL
Zwiebelpulver, 1 fein gewürfelte Knoblauchzehe, 1 EL Zitronensaft, 1 TL
Honig, 2 EL gehackte Petersilie, Salz
und Pfeffer aus der Mühle verrühren. Je
nach Konsistenz etwas Milch dazugeben.

**10 Minuten Zubereitung
pro Portion: 170 kcal,
6 g EW, 11 g F, 11 g KH**

Gluten frei · Veggie

Kürbissuppe
mit Apfel und Ingwer

**Zutaten
für 2 Personen**

1 kleine Zwiebel
20 g Ingwer
600 g Hokkaido-Kürbis
1/2 Apfel
1 Möhre
1 EL Kokosöl
1 EL mildes Currypulver
200 ml trockener Weißwein
600 ml glutenfreie Gemüsebrühe
200 g Sahne (ersatzweise
200 ml Milch, 1,5 % Fett)
Salz, Pfeffer aus der Mühle
Cayennepfeffer
1/2 Bund Petersilie

45 Minuten Zubereitung

pro Portion: 640 kcal,
8 g EW, 40 g F, 10 g KH

Die Suppe am besten gleich in doppelter Menge zubereiten!
Sie lässt sich wunderbar variieren – vegetarisch zum Beispiel
mit gebraten Pilzen oder Tofuwürfeln, aber auch mit Hähnchen,
Garnelen, Lachs oder geräucherten Forellenfilets.

1. Zwiebel und Ingwer schälen, beides fein würfeln. Kürbis wa-
schen, Kerne und Fasern mit einem Löffel entfernen, Kürbis in grobe
Würfel schneiden. Apfel waschen, vierteln, entkernen und würfeln.
Möhre putzen, schälen und in 1 cm breite Scheiben schneiden.

2. Zwiebel und Ingwer in einem Topf im Öl bei mittlerer Hitze andünsten. Kürbis, Apfel und Möhre hinzufügen, alles mit Currypulver
würzen und 1 bis 2 Minuten unter Rühren andünsten. Mit Wein ablöschen, kurz aufkochen und die Brühe hinzufügen. Die Suppe bei
schwacher Hitze etwa 20 Minuten köcheln lassen.

3. Dann mit dem Stabmixer fein pürieren, Sahne untermischen und
alles mit Salz, Pfeffer und 1 Prise Cayennepfeffer würzen. Falls die
Suppe zu dickflüssig ist, noch etwas Brühe hinzufügen. Die Petersilie
waschen, trocken tupfen, Blätter abzupfen und fein hacken. Suppe
auf tiefe Teller verteilen und mit Petersilie bestreut servieren.

MEIN KÜCHENTIPP
Für etwas Biss sorgt eine Einlage aus gemischten Körnern wie Son-
nenblumenkernen, Sesamsamen, Kürbiskernen, Chia- und Leinsamen
(siehe Foto). Eine leichte Asia-Note erhält die Suppe, wenn Sie Sahne
und Petersilie durch Kokosmilch und Koriandergrün ersetzen.

BRAIN-FACTOR

Das Beta-Carotin der Kürbisse besitzt antioxidatives Potenzial und
schützt unser Gehirn vor freien Radikalen. Ihre Ballaststoffe sättigen
und regen die Verdauung an. Ihr Magnesium fördert den Gehirnstoff-
wechsel. Die Kerne nach dem Entkernen nicht wegwerfen, sondern
trocknen und essen. Sie liefern Omega-3-Fettsäuren und Tryptophan, das bei der Produktion des „Glückshormons" Serotonin hilft.

Buntes Ofengemüse
mit Sesam-Joghurt-Dip

Zutaten
für 2 Personen

Für den Dip
4 EL Tahin (Sesampaste)
2 EL Zitronensaft
200 g Naturjoghurt
Kreuzkümmelpulver
Knoblauchpulver
Salz, Pfeffer aus der Mühle

Für das Gemüse
1 rote Zwiebel
2 Knoblauchzehen
1 große Süßkartoffel
je 1 rote und gelbe Paprika-
schote
4 Frühlingszwiebeln
100 g braune Champignons
2 EL Olivenöl
Salz, Pfeffer aus der Mühle
2 EL Zatar
(arab. Gewürzmischung)
je 2 Zweige Rosmarin und
Thymian
100 g Cocktailtomaten

35 Minuten Zubereitung
+ 25 Minuten Garen

pro Portion: 790 kcal,
24 g EW, 39 g F, 78 g KH

Bei diesem Rezept können Sie das Gemüse je nach Saison variieren – lecker sind auch halbierte Rosenkohlröschen, Kürbisspalten, Möhren, Fenchel oder Pastinaken. Wer möchte, bestreut das fertige Gemüse noch mit zerbröckeltem Feta.

1. Für den Dip Tahin mit 2 EL Wasser und Zitronensaft glatt rühren, den Joghurt dazugeben und den Dip mit Kreuzkümmel, Knoblauchpulver, Salz und Pfeffer abschmecken. Beiseitestellen.

2. Für das Gemüse den Backofen auf 200 °C (Umluft) vorheizen. Ein Backblech mit Backpapier belegen. Zwiebel und Knoblauch schälen, die Zwiebel je nach Größe vierteln oder achteln, den Knoblauch grob zerdrücken. Die Süßkartoffel putzen, schälen und in 1 bis 2 cm breite Spalten schneiden. Die Paprikaschoten längs halbieren, putzen, waschen und in Spalten schneiden. Die Frühlingszwiebeln putzen, waschen und in etwa 10 cm lange Stücke schneiden. Die Pilze putzen und, falls nötig, trocken abreiben.

3. Das Gemüse und die Pilze in einer Schüssel mit dem Öl, Salz, Pfeffer und Zatar mischen, dann auf dem Backblech gleichmäßig verteilen. Die Kräuter waschen, trocken tupfen und darauflegen. Das Gemüse im Ofen im oberen Drittel etwa 15 Minuten garen.

4. Inzwischen die Tomaten waschen, nach 15 Minuten Garzeit mit auf das Blech setzen und alles im Ofen noch 10 Minuten garen. Das Gemüse herausnehmen, auf Teller setzen und mit dem Dip servieren.

BRAIN-FACTOR

Paprikas sind echte Vitaminbomben. Ihr Vitamin C schützt das Gehirn vor oxidativem Stress und beugt der damit zusammenhängenden Degeneration vor. Außerdem hilft es, Eisen aus anderen Lebensmitteln (Knoblauch, Süßkartoffeln) aufzunehmen und damit Aufmerksamkeit und Gedächtnis zu verbessern. Die verschiedenen Farben der Paprika zeigen übrigens den Reifegrad an. Die meisten Paprikas ändern ihre Farbe von grün nach rot, gelb oder orange.

Gemüserösti
mit Spargel und Krabben

Zutaten
für 2 Personen

Für die Rösti
400 g mehligkochende
Kartoffeln
80 g Möhren
80 g Zucchini
1 Ei (Größe M)
1 EL Vollkorndinkelmehl
Salz, Pfeffer aus der Mühle
Öl zum Braten

Für den Dip
100 g Crème fraîche
120 g Magerquark
abgeriebene Schale und Saft
von 1/4 Bio-Zitrone
Salz, Pfeffer aus der Mühle
1 Kästchen Gartenkresse

Außerdem
200 g grüner Spargel
(am besten dünne Stangen)
1 Rezept Basisvinaigrette
(siehe Seite 82)
150 g Nordseekrabbenfleisch

40 Minuten Zubereitung

pro Portion: 760 kcal,
32 g EW, 50 g F, 40 g KH

Ein super Rezept, mit dem Sie Eindruck schinden. Spargel besteht zwar zu mehr als 90 Prozent aus Wasser, ist aber trotzdem ein toller Lieferant von Mineralstoffen und Vitaminen. Ich freue mich jedes Jahr wie ein kleines Kind auf die Spargelzeit.

1. Für die Rösti die Kartoffeln, Möhren und Zucchini putzen, dann schälen beziehungsweise waschen. Alle Gemüsesorten auf der Gemüsereibe grob raspeln. In einer Schüssel mit Ei, Mehl, Salz und Pfeffer gut mischen. Etwas Öl in einer beschichteten Pfanne erhitzen und aus der Masse mit einem Löffel kleine Portionen nebeneinander in die Pfanne setzen. Die Rösti flach drücken und gut anbraten, anschließend wenden und auf der anderen Seite knusprig fertig braten. Herausnehmen, auf Küchenpapier abtropfen lassen, warm halten.

2. Für den Dip Crème fraîche und Quark verrühren. Mit Zitronenschale, -saft, Salz und Pfeffer würzen. Die Kresse vom Beet schneiden, waschen, trocken tupfen und unter den Dip mischen.

3. Spargel waschen, die holzigen Enden abschneiden, die Stangen mit dem Sparschäler in dünne Streifen schneiden. Mit der Vinaigrette mischen und 2 bis 3 Minuten ziehen lassen. Krabben in einem Sieb abbrausen und trocken tupfen. Rösti und Spargelsalat auf Teller verteilen und mit den Krabben bestreuen. Den Dip dazu reichen.

BRAIN-FACTOR

Im Spargel ist fast nichts drin außer Wasser: 92 Prozent. Gut 2 Prozent Eiweiß, 1,5 Prozent Faserstoffe, kaum Kohlenhydrate und Fett enthält das Gemüse – und sehr wenig Energie, pro 500 g gerade mal 100 kcal. Dafür punktet Spargel mit einer riesigen Menge an Mineralstoffen (Kalium, Phosphor, Kalzium, Chrom, Zink, Magnesium, Eisen, Natrium) und B-Vitaminen. Vor allem frischer deutscher Spargel enthält viel Vitamin B_1. Dieser Vitalstoff unterstützt die Energieproduktion, den Kohlenhydratstoffwechsel und die gesunde Funktion von Muskeln und Nerven. Das braucht unser Gehirn für schnelles Denken, Lernen und dafür, Gelerntes zu behalten.

Grünes Blattgemüse
mit Parmesan

Zutaten
für 2 Personen (als Beilage)

**600 g gemischtes Blatt-
gemüse mit Stielen
(z. B. Mangold, wilder Spinat,
Chicorée, Portulak, Pak Choi,
Grünkohl, Löwenzahn,
Rucola)
1 Zwiebel
2 Knoblauchzehen
Öl zum Braten
50 ml glutenfreie Gemüse-
brühe
Saft von 1/2 Zitrone
Salz, Pfeffer aus der Mühle
3–4 EL Olivenöl
70 g Parmesanspäne**

25 Minuten Zubereitung

pro Portion: 420 kcal,
17 g EW, 35 g F, 6 g KH

Bei diesem Rezept können Sie sich austoben. Als Blattgemüse eignet sich Mangold, wilder Spinat, Chicorée, Portulak, Pak Choi, Grünkohl, Löwenzahn, Rucola etc. Kaufen Sie je nach Saison und Geschmack, und dann heißt es: KLUGEN Appetit!

1. Das Gemüse putzen, waschen, trocken schleudern und in etwa 3 cm breite Streifen schneiden. Die Zwiebel und den Knoblauch schälen und fein würfeln.

2. Etwas Öl in einer Pfanne erhitzen, Zwiebel und Knoblauch darin andünsten. Das grüne Gemüse dazugeben und 3 bis 4 Minuten unter Rühren mit andünsten. Die Brühe hinzufügen und alles mit geschlossenem Deckel weitere 3 bis 4 Minuten dünsten.

3. Das Gemüse mit Zitronensaft, Salz und Pfeffer abschmecken. Zum Servieren auf Teller verteilen, mit etwas Olivenöl beträufeln und mit Parmesan bestreuen.

BRAIN-FACTOR

Essen Sie grün! Grünes Gemüse wie Spinat, Grünkohl, Mangold und Brokkoli sollte am besten jeden Tag auf Ihrem Speiseplan stehen. Der Grund ist das Ergebnis einer Studie des Rush University Medical Centers in den USA. Die Forscher fanden heraus, dass Teilnehmer, die täglich eine oder mehrere Portionen grünes Blattgemüse zu sich nahmen, ihre Gehirnaktivität im Vergleich zu Nicht-Gemüse-Essern enorm verbesserten. Grünes Blattgemüse gilt als hervorragende Quelle von Nährstoffen, die das Gehirn jung und gesund halten, wie: Vitamin K, Lutein, Folsäure und Beta-Carotin. Aber wie das genau funktioniert, ist noch nicht geklärt.

Grünkohl-Avocado-Pesto
zu Nudeln

Zutaten
für 2 Personen

Für das Pesto
1 Schalotte
2 Knoblauchzehen
70 g Grünkohl
(ca. 2 Handvoll; ersatzweise
Spinat, Basilikum, Petersilie
oder Rucola)
1 Avocado
2 EL Pistazienkerne
1 EL Olivenöl
Saft von 1/2 Zitrone
Salz, Pfeffer aus der Mühle

Außerdem
10 g getr. Tomaten
180 g Nudeln
(nach Wahl aus Vollkorn
oder Hülsenfrüchten)
Salz

30 Minuten Zubereitung

pro Portion: 550 kcal,
17 g EW, 23 g F, 61 g KH

Das Pesto mag ich als Alternative zu schweren Sahnesaucen. Denn es enthält fast kein Öl, stattdessen sorgt Avocado für cremige Konsistenz. Das Pesto schmeckt in Wraps und Sandwiches, zu Grillfleisch, -fisch oder gebratenem Gemüse.

1. Die Tomaten in einer Schüssel mit heißem Wasser übergießen und kurz einweichen. Dann herausnehmen, trocken tupfen, in feine Streifen schneiden und beiseitestellen. Die Nudeln in reichlich kochendem Salzwasser nach Packungsanweisung bissfest garen.

2. Für das Pesto währenddessen Schalotte und Knoblauch schälen, grob würfeln. Den Grünkohl putzen, waschen, trocken schleudern und die Blätter von den Rippen zupfen. Die Avocado längs halbieren, entkernen, schälen und grob würfeln. Schalotte, Knoblauch, Grünkohl und Avocado in einen hohen Rührbecher oder den Mixer geben. Pistazien, Öl sowie Zitronensaft hinzufügen und alles (mit dem Stabmixer) fein pürieren. Das Pesto mit Salz und Pfeffer abschmecken und je nach gewünschter Konsistenz noch etwas Wasser oder noch einige Pistazien untermixen.

3. Die Nudeln in ein Sieb abgießen, abtropfen lassen und mit Pesto mischen. Auf tiefe Teller verteilen und mit den Tomaten bestreuen. Dazu passen auch gebratene Hähnchenbruststreifen und Parmesan.

BRAIN-FACTOR

Grünkohl ist ein Alleskönner. In ihm stecken Ballaststoffe, Vitamin A und C, sowie viele wichtige Mineralstoffe wie Eisen, Kalium und Magnesium. Den Ruf einer Anti-Aging-Wunderwaffe hat der Winterkohl aber wohl seiner riesigen Menge an sekundären Pflanzenstoffen zu verdanken. Allen voran Carotinoiden, die als Antioxidantien wirken, vor Krebs schützen und das Immunsystem anregen. Außerdem stecken in den dunkelgrünen Blättern Flavonoide – Pflanzenstoffe aus der Gruppe der Polyphenole, die den Cholesterinspiegel senken können. Da viele Pflanzenstoffe hitzeempfindlich sind, ist es günstig, Grünkohl roh zu essen – zum Beispiel in Salaten oder Smoothies.

Süßkartoffel-Lachs-Puffer
mit Meerrettichdip

Zutaten
für 2 Personen

Für die Puffer
1 Süßkartoffel (ca. 400 g)
Salz
2 Lachsfilets
(à ca. 150 g)
Öl zum Braten
3 Frühlingszwiebeln
1/2 Bund Petersilie
(ersatzweise Schnittlauch)
2 Eier (Größe M)
Pfeffer aus der Mühle
1/2 TL Kurkumapulver

Für den Dip
1 Knoblauchzehe
1/2 Bund Petersilie
250 g Magerquark
1 EL Sahnemeerrettich
150 g Frischkäse
(Halbfettstufe)
1 EL Zitronensaft
Salz, Pfeffer aus der Mühle

40 Minuten Zubereitung

pro Portion: 870 kcal,
65 g EW, 35 g F, 65 g KH

Mal unter uns: Den Hype um die Süßkartoffel konnte ich nie richtig nachvollziehen. Wenn man sie allerdings mit Fisch, gut gewürzt und knackig gebraten serviert, bietet sie eine leckere und gesunde Alternative zur herkömmlichen Kartoffel.

1. Für die Puffer die Süßkartoffel putzen, schälen und grob würfeln. In kochendem Salzwasser bissfest garen. Inzwischen den Lachs waschen, trocken tupfen und in einer Pfanne in Öl auf jeder Seite 2 bis 3 Minuten anbraten. Vom Herd nehmen und abkühlen lassen.

2. Süßkartoffel abgießen, kurz ausdampfen lassen und zerstampfen. Lachs grob zerpflücken und dazugeben. Frühlingszwiebeln putzen, waschen und in dünne Ringe schneiden. Petersilie waschen, trocken tupfen, Blätter abzupfen und fein hacken. Frühlingszwiebeln, Petersilie und Eier unter die Kartoffel-Fisch-Masse mischen und mit Salz, Pfeffer und Kurkuma abschmecken. Aus der Masse Puffer formen und in einer beschichteten Pfanne in wenig Öl auf jeder Seite 1 bis 2 Minuten knusprig braten. Herausnehmen und sofort servieren.

3. Für den Dip Knoblauch schälen und fein würfeln. Die Petersilie waschen, trocken tupfen, Blätter abzupfen und hacken. Knoblauch und Petersilie mit den übrigen Dipzutaten verrühren, mit Salz und Pfeffer würzen. Die Puffer auf Teller verteilen, den Dip dazu reichen.

MEIN KÜCHENTIPP
Für Zeitsparer: Süßkartoffeln schon am Vortag garen und Thunfisch aus der Dose verwenden. Die Puffer schmecken auch kalt und lassen sich gut mitnehmen. Dazu passt gemischter Salat oder Grillgemüse.

BRAIN-FACTOR

Süßkartoffeln enthalten mehr Ballaststoffe als herkömmliche Kartoffeln. Unser Gehirn „fühlt" sich also länger satt. Und sie enthalten reichlich Beta-Carotin. Das Vitamin E in den Knollen schützt außerdem unsere Körper- und damit auch unsere Gehirnzellen vor Alterungsprozessen. Ihr Kalium ist essenziell für unser Nervensystem.

Flammkuchen
mit zweierlei Topping

Zutaten
für je 2 Flammkuchen

Für den Teig
230 g Vollkornweizenmehl
Salz
2 EL Olivenöl
Mehl zum Arbeiten

Für den Radicchiobelag
80 g Ziegenfrischkäse
50 g Crème fraîche
Salz, Pfeffer aus der Mühle
30 g Radicchio
50 g magere Speckwürfel
2 Feigen

Für den Artischockenbelag
1 EL Harissa
(marokkan. Chilipaste)
125 g Crème fraîche
Salz, Pfeffer aus der Mühle
1/2 rote Zwiebel
4 eingelegte Artischocken-
herzen (in Lake)
2 EL schwarze Oliven
(ohne Stein)

30 Minuten Zubereitung
+ 15 Minuten Backen

pro Portion Flammkuchen
mit Radicchiobelag: 690 kcal,
25 g EW, 26 g F, 82 g KH

pro Portion Flammkuchen
mit Artischockenbelag:
720 kcal, 18 g EW, 31 g F,
80 g KH

Seitdem ein großer Teil meiner Sendungen in Baden-Baden produziert wird, mache ich regelmäßig einen Abstecher ins Elsass, die Heimat des Flammkuchen. Ich liebe diese dünnen, knusprigen Teige, die man mit (fast) allem belegen kann. Wenn's mal schnell gehen muss, nehme ich einfach Fertigteig.

1. Den Backofen auf 250 °C vorheizen. Ein Backblech mit Backpapier belegen. Für den Teig Mehl, 1 Prise Salz, Öl und 125 ml Wasser mit den Händen oder in der Küchenmaschine glatt verkneten. Den Teig in zwei Portionen teilen, auf der leicht bemehlten Arbeitsfläche mit dem Nudelholz jeweils dünn zu einem Oval ausrollen. Falls sich der Teig wieder zusammenzieht, etwa 10 Minuten warten und nochmals ausrollen. Die Böden nebeneinander auf das Blech legen.

2. Für den Radicchiobelag Frischkäse mit Crème fraîche verrühren, mit Salz und Pfeffer würzen und gleichmäßig auf den Böden verteilen. Radicchio putzen, waschen, trocken tupfen und in feine Streifen schneiden. Mit dem Speck auf dem Teig verteilen. Feigen putzen, waschen und längs in dünne Scheiben schneiden und darauflegen.

3. Für den Artischockenbelag Harissa mit Crème fraîche verrühren, salzen, pfeffern und auf den Böden verteilen. Zwiebel schälen und in feine Halbringe scheiden. Die Artischockenherzen abtropfen lassen und achteln. Oliven in Ringe schneiden. Alles gleichmäßig auf dem Teig verteilen. Flammkuchen im Ofen auf der mittleren Schiene je 12 bis 15 Minuten backen. Herausnehmen und sofort servieren.

BRAIN-FACTOR

Radicchio ist der bitterste unter den Blattsalaten und dabei supergesund. Er enthält den Bitterstoff Lactucopikrin, der Verdauung, Leber- und Gallentätigkeit anregt. So können Fette besser verdaut werden. Außerdem sollen Bitterstoffe beim Denken helfen, wie ein Forscherteam aus Freiburg belegte: Füttert man die Hirnzellen mit „Bitterem", ziehen sie neue, lange Ausläufer (Dendriten) zu Nachbarnervenzellen. So wird die Weitergabe von Informationen gefördert.

Hülsen–
früchte

Pflanzeneiweiß
in bester Qualität

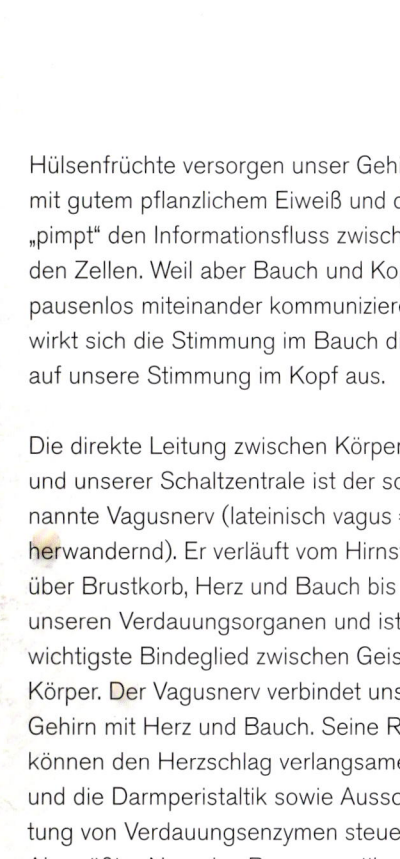

Hülsenfrüchte versorgen unser Gehirn mit gutem pflanzlichem Eiweiß und das „pimpt" den Informationsfluss zwischen den Zellen. Weil aber Bauch und Kopf pausenlos miteinander kommunizieren, wirkt sich die Stimmung im Bauch direkt auf unsere Stimmung im Kopf aus.

Die direkte Leitung zwischen Körpermitte und unserer Schaltzentrale ist der sogenannte Vagusnerv (lateinisch vagus = umherwandernd). Er verläuft vom Hirnstamm über Brustkorb, Herz und Bauch bis zu unseren Verdauungsorganen und ist das wichtigste Bindeglied zwischen Geist und Körper. Der Vagusnerv verbindet unser Gehirn mit Herz und Bauch. Seine Reize können den Herzschlag verlangsamen und die Darmperistaltik sowie Ausschüttung von Verdauungsenzymen steuern. Als größter Nerv des Parasympatikus', also des Bereichs des vegetativen Nervensystems, der für Entspannung und Regeneration sorgt, verlangsamt er den Herzschlag. Ob wir „gut drauf sind", hängt in großem Maß auch von der optimalen Funktion des Nervus-Vagus-Systems ab.

Ein weiterer unschlagbarer Vorteil von Linsen, Bohnen, Kichererbsen und Co. ist ihr moderater glykämischer Index (GI).

Dieser Wert unterscheidet kohlenhydrathaltige Lebensmittel nach ihrer Wirksamkeit auf den Blutzuckerspiegel. Lebensmittel, die einen schnellen und hohen Blutzuckeranstieg auslösen, haben einen hohen GI – und umgekehrt. Auf einen schnellen Anstieg unseres Blutzuckerspiegels reagiert der Körper mit einer starken Ausschüttung von Insulin. Ein häufiges und verstärktes Auf und Ab des Blutzuckerspiegels wird mit einem erhöhten Risiko zur kognitiven Degeneration, der Demenz, in Verbindung gebracht. Denn irgendwann reagieren unsere Zellen nicht mehr auf Insulin – sie sind insulinresistent geworden. Im Gehirn besteht dann ein erhöhtes Risiko für Insulinmangel, Störungen in der Signalübertragung und massive Zellschäden. Hülsenfrüchte versorgen unser Gehirn dank komplexer Kohlenhydrate, Ballaststoffe und niedrigem GI gleichmäßig und langanhaltend mit Energie.

Weil Hülsenfrüchte daneben Gallensäure binden, haben sie zusätzlich eine positive Wirkung auf unseren Cholesterinspiegel und somit auf die Durchblutung im Gehirn. Das in Hülsenfrüchten enthaltene Niacin, Vitamin B_3, kann außerdem Stimmungsschwankungen vorbeugen.

Hoch im Kurs stehen derzeit die Lupinen, eine heimische Hülsenfrucht und damit eine nachhaltigere Alternative zur Sojabohne, die meist aus asiatischen Ländern zu uns kommt. Das enthaltene Protein hilft unserem Gehirn, neue Zellen zu bilden. Außerdem liefern Lupinen alle lebensnotwenigen Aminosäuren, sowie Kalium, Kalzium, Eisen und Magnesium. Lupinen findet man mittlerweile schon in Nudeln, Aufstrichen und als Milch- oder Fleischersatz.

Hummus
auf leichte Art

Zutaten
für 4 Personen

250 g gegarte Kichererbsen
(aus dem Glas)
1 Knoblauchzehe
Saft von 1/2 Zitrone
3 EL Tahin (Sesampaste)
1/2 TL Kreuzkümmelpulver
Salz
Olivenöl und helle Sesam-
samen zum Servieren

10 Minuten Zubereitung

pro Portion: 210 kcal,
8 g EW, 12 g F, 15 g KH

Ich kann mich noch genau an meinen ersten Hummus erinnern: bei Dreharbeiten in Israel. Unglaublich cremig, leicht nussig und ausgewogen gewürzt. Diese orientalische Spezialität ist der perfekte Dip zu Grillfleisch, Gemüsesticks, Nachos oder Brot.

1. Die Kichererbsen in einem Sieb abbrausen und abtropfen lassen. Die Knoblauchzehe schälen.

2. Kichererbsen, Knoblauchzehe und Zitronensaft mit 150 ml kaltem Wasser in einen hohen Rührbecher geben. Tahin, Kreuzkümmel und etwas Salz hinzufügen. Alles mit dem Stabmixer mittelfein pürieren. (Alternativ alle Zutaten im Mixer auf höchster Stufe cremig pürieren.)

3. Den Hummus nochmals abschmecken und, falls nötig, noch etwas Wasser hinzufügen. Zum Servieren auf einen Teller geben und nach Belieben mit einer Gabel ein wellenförmiges Muster hineinziehen. Mit dem Öl beträufeln und mit Sesam bestreuen.

MEIN KÜCHENTIPP
Hummus lässt sich sehr gut variieren. Geben Sie zum Grundrezept oben einfach mal gehackte Kräuter wie Petersilie oder Bärlauch dazu oder experimentieren Sie mit schwarzen Bohnen (aus der Dose), gegarten Roten Beten (vakuumverpackt) oder eingelegten, gerösteten Paprikaschoten (aus dem Glas) – einfach untermixen.

BRAIN-FACTOR

Kichererbsen sind echte Anti-Aging-Medizin: Viele sekundäre Pflanzenstoffe wie Quercetin, einige Phenolsäuren sowie Vitamine (A, B, C, E) haben antioxidative Wirkung und geben dem Körper Kraft, die Zellen vor freien Radikalen zu schützen. In Kombi halten die Stoffe Herz und Gefäße elastisch und verbessern die Fließeigenschaften des Bluts. Auch sind Kichererbsen reich an Saponinen – diese verbinden sich mit Cholesterinmolekülen aus der Nahrung zu einem Komplex, der die Darmwand nicht durchdringen kann. Der Fettstoff landet deshalb nicht im Blut, sondern wird ausgeschieden.

Linsensuppe
mit Lammhackbällchen

laktose frei

Zutaten
für 2–3 Personen

Für die Hackbällchen
1 Knoblauchzehe
250 g mageres Lamm-
hackfleisch
1 TL Harissa
(marokkan. Chilipaste)
1 TL Zwiebelpulver
1 EL Panko
(asiat. Paniermehl)
Salz, Pfeffer aus der Mühle

Für die Suppe
2 Knoblauchzehen
1 rote Zwiebel
10 g Ingwer
2 Möhren (ca. 170 g)
1 Süßkartoffel (ca. 400 g)
2 EL Kokosöl
2 EL Tomatenmark
1 TL Senfkörner
1 TL Cayennepfeffer
1/2 TL Kümmelpulver
1/2 TL Korianderpulver
1 TL Paprikapulver (edelsüß)
2 TL Kurkumapulver
100 ml Weißwein
100 g rote Linsen
800 ml Gemüsebrühe
1 EL Zitronensaft
Saft von 1 Orange
Salz, Pfeffer aus der Mühle
100 g Kokosmilch

30 Minuten Zubereitung
+ 20 Minuten Garen

pro Portion (bei 3): 690 kcal,
31 g EW, 28 g F, 63 g KH

Die Suppe ist ein echter Hingucker! Und zwar schon durch ihre Farbe. Wenn ich sie koche, dann gleich in einer „anständigen" Portionsgröße – denn die Suppe lässt sich wunderbar einfrieren oder einkochen. Legen Sie einen Vorrat im Gefrierschrank an!

1. Für die Hackbällchen den Backofen auf 180 °C vorheizen. Knoblauch schälen, fein würfeln und mit Hackfleisch, Harissa, Zwiebelpulver und Panko in einer Schüssel mischen, mit Salz und Pfeffer würzen. Aus der Masse mit angefeuchteten Händen 8 Bällchen formen, in eine ofenfeste Form setzen und im Ofen auf der mittleren Schiene etwa 20 Minuten garen. Danach noch warm halten.

2. Für die Suppe inzwischen Knoblauch, Zwiebel und Ingwer schälen und fein würfeln. Möhren und Süßkartoffel putzen, schälen und in mittelgroße Stücke schneiden. Zwiebel, Knoblauch und Ingwer in einem großen Topf in Öl und Tomatenmark andünsten. Senfkörner, Cayenne, Kümmel, Koriander, Paprikapulver und Kurkuma hinzufügen und mit andünsten. Mit Wein ablöschen, Linsen, Möhren sowie Süß-kartoffel hinzufügen und die Brühe dazugießen. Alles mit geschlossenem Deckel bei mittlerer Hitze etwa 20 Minuten weich garen.

3. Dann fein pürieren und mit Zitronen- und Orangensaft, Salz und Pfeffer abschmecken. Anschließend Kokosmilch unterrühren. Die Suppe auf tiefe Teller verteilen und die Hackbällchen daraufsetzen.

MEIN KÜCHENTIPP
Nach Belieben noch mit Petersilie oder einem Körner-Mix (Sonnen-blumen- und Kürbiskernen, Sesam-, Chia- und Leinsamen) bestreuen.

BRAIN-FACTOR

Alzheimer-Demenz wird von Entzündungsvorgängen im Gehirn begleitet. Ingwer ist ein echter Entzündungshemmer. Er enthält viele ätherische Öle und die sogenannten Gingerole, die für seine Schärfe verantwortlich sind. Die Knolle kurbelt unsere Darmtätigkeit kräftig an und wirkte in Laborversuchen gegen verschiedene Viren.

Schneller Salat
mit Bohnen und Thunfisch

Zutaten
für 2 Personen

1/2 rote Zwiebel
1/2 Fenchelknolle
1 Rezept Basisvinaigrette
(siehe Seite 82)
160 g Thunfisch (in Lake)
250 g weiße Bohnen
(aus dem Glas)
1 EL Olivenöl
1/4 Bund Petersilie
1/4 Bund Minze
1 Prise Räucherpaprika-
pulver

15 Minuten Zubereitung

pro Portion: 600 kcal,
29 g EW, 41 g F, 24 g KH

Der Salat ist ein guter Verbündeter im Kampf gegen die Uhr.
Er ist ruck, zuck fertig – wenn es noch schneller gehen muss,
verzichte ich auch auf das Anbraten der Bohnen. Für ein wenig
mehr „Feuer" scharfes Räucherpaprikapulver dazugeben!

1. Die Zwiebel schälen und in feine Streifen schneiden. Den Fenchel
putzen, waschen und auf der Gemüsereibe dünn hobeln. Beides in
eine Schüssel geben und mit der Vinaigrette gut mischen. Den Thunfisch abtropfen lassen, etwas zerpflücken und dazugeben.

2. Bohnen in einem Sieb abbrausen, abtropfen lassen und trocken
tupfen. Dann in einer beschichteten Pfanne im Öl 3 bis 4 Minuten
unter Rühren knusprig braten. Herausnehmen und abkühlen lassen.

3. Petersilie und Minze waschen, trocken tupfen, die Blätter abzupfen und fein hacken. Zum Servieren die Bohnen und das Paprikapulver unter den Salat mischen, auf Teller verteilen und mit Minze
und Petersilie bestreuen.

MEIN KÜCHENTIPP
Sie können auch getrocknete Bohnen verwenden. Diese müssen über
Nacht in Wasser eingeweicht, am nächsten Tag in einem Sieb abge-
braust und in frischem Wasser 45 bis 60 Minuten gegart werden.

BRAIN-FACTOR

Weiße Bohnen liefern neben Vitaminen jede Menge gutes Protein
(ca. 20 g pro 100 g). Aber das ist längst nicht alles. Ihr Magnesium
schützt Herz und Blutgefäße, Kalium transportiert Sauerstoff zum
Gehirn, Phosphor hält die Zellmembrane und Neuronen stark und
widerstandsfähig, stärkt also unser Gedächtnis. Außerdem geben
sie wie alle Hülsenfrüchte ihre Kohlenhydrate nur langsam ins Blut
ab und lassen den Blutzuckerspiegel nicht „Achterbahn fahren".

Falafeltaler
mit Tahin-Sauce und Salat

Zutaten
für 2 Personen

Für die Falafel
1/2 Bio-Zitrone
1 Knoblauchzehe
1/2 rote Zwiebel
1/2 Bund Koriandergrün
1/4 Bund Petersilie
1/2 rote Chilischote
130 g Kichererbsen
(über Nacht eingeweicht)
60 g Kichererbsenmehl
1 TL Kreuzkümmelpulver
Salz
Öl zum Braten

Für die Sauce
1/2 Knoblauchzehe
3 EL Tahin (Sesampaste)
2 EL Zitronensaft
Salz, Pfeffer aus der Mühle

Für den Salat
120 g gemischte Salatblätter
100 g Salatgurke
100 g Cocktailtomaten

40 Minuten Zubereitung

pro Portion: 600 kcal,
25 g EW, 26 g F, 55 g KH

Falafel kann man im Ofen und in der Pfanne zubereiten oder klassisch frittieren. Egal, wofür Sie sich entscheiden – ich mag die Taler, weil sie außen knusprig und innen weich sind. Dazu passt Joghurt mit Ingwer, Knoblauch und Koriandergrün.

1. Für die Falafel die Zitrone heiß waschen, abtrocknen, die Schale abreiben und 1 EL Saft auspressen. Knoblauch und Zwiebel schälen und würfeln. Koriander und Petersilie waschen, trocken tupfen und samt Stielen grob hacken. Chili längs halbieren, entkernen, waschen und grob zerkleinern. Alle Zutaten mit Kichererbsen, Kichererbsenmehl, Kreuzkümmel und etwas Salz im Mixer cremig pürieren. Sollte die Masse zu weich sein, noch etwas Kichererbsenmehl hinzufügen. (Alternativ die Masse kurz durchziehen lassen.)

2. Für die Sauce den Knoblauch schälen, fein würfeln und mit Tahin, Zitronensaft, Salz und Pfeffer mischen. 50 bis 100 ml kaltes Wasser bis zur gewünschten Konsistenz unterrühren. Für den Salat die Blätter waschen und trocken schleudern. Die Gurke waschen und in dünne Scheiben schneiden. Die Tomaten waschen und halbieren.

3. Aus der Falafelmasse 8 Bällchen formen und leicht flach drücken. In einer beschichteten Pfanne etwas Öl erhitzen und die Taler darin bei mittlerer Hitze auf jeder Seite etwa 5 Minuten braten. Herausnehmen und auf Küchenpapier abtropfen lassen. Falafel mit Salat, Gurke und Tomaten auf Teller verteilen und mit der Sauce beträufeln.

BRAIN-FACTOR

Tahin ist eine Paste aus Sesamsamen. Gesund für unser Gehirn macht den Sesam vor allem sein hoher Anteil an guten ungesättigten Fettsäuren. Diese unterstützen den Aufbau von neuen Hirnstrukturen und Nervenverbindungen. Außerdem hemmen sie Entzündungsprozesse im Gehirn. Dazu liefert Sesam neben Kupfer und Zink auch reichlich Magnesium und Phosphor. Magnesium hält unser Gehirn aktiv, indem es die Übermittlung von Nervenimpulsen stärkt, und Phosphor unterstützt die Bildung synaptischer Verbindungen.

Asia-Pfanne
mit Lupinenfilet und Sesam

Zutaten
für 2 Personen

10 g Ingwer
1 Knoblauchzehe
4 EL Sojasauce
200 g Lupinenfilet
(aus Bioladen oder
Reformhaus)
1 rote Chilischote
3 Frühlingszwiebeln
1 Aubergine
1 gelbe Paprikaschote
130 g gegarte Kichererbsen
(aus dem Glas)
1 EL helle Sesamsamen
3 EL Raps- oder Erdnussöl
2 TL dunkles Sesamöl
Salz, Pfeffer aus der Mühle
150 ml glutenfreie Gemüsebrühe
1/2 Bund Koriandergrün
1–2 TL Limettensaft

45 Minuten Zubereitung
+ 30 Minuten Marinieren

pro Portion: 640 kcal,
35 g EW, 37 g F, 33 g KH

Lupinen, die trendy Hülsenfrüchte, strotzen vor Eiweiß und punkten als „Soja des Nordens" vor allem durch Regionalität und Nachhaltigkeit. Mild gewürzt, fest und herzhaft im Geschmack, lässt sich Lupinenfilet wie Fleisch kurzbraten.

1. Ingwer und Knoblauch schälen und fein würfeln, mit Sojasauce mischen. Das Lupinenfilet trocken tupfen, in etwa 1/2 cm dicke Scheiben schneiden und in der Marinade etwa 30 Minuten ziehen lassen, dabei einmal wenden. Inzwischen Chili längs halbieren, entkernen, waschen und in Ringe schneiden. Frühlingszwiebeln putzen, waschen und in etwa 3 cm breite Stücke schneiden. Aubergine putzen, waschen und etwa 2 cm groß würfeln. Paprika längs halbieren, putzen, waschen und in etwa 1/2 cm breite Streifen schneiden. Kichererbsen in einem Sieb abbrausen und abtropfen lassen.

2. Sesam in einer Pfanne ohne Fett bei mittlerer Hitze hell rösten. Herausnehmen und abkühlen lassen. Lupinenfilet aus der Marinade nehmen, trocken tupfen und in der Pfanne in 1 EL Rapsöl etwa 2 Minuten auf jeder Seite braun braten, herausnehmen.

3. Übriges Rapsöl und Sesamöl in die Pfanne geben. Chili, Frühlingszwiebeln, Aubergine und Paprika darin bei starker Hitze etwa 3 Minuten unter Rühren braten, leicht salzen und pfeffern. Mit Brühe und Marinade ablöschen. Kichererbsen hinzufügen, aufkochen, mit geschlossenem Deckel bei mittlerer Hitze etwa 5 Minuten garen. Inzwischen Koriander waschen, trocken tupfen, die Blätter abzupfen. Gemüse mit Limettensaft, Salz und Pfeffer abschmecken. Lupinenfilet untermischen und darin 1 bis 2 Minuten erhitzen. Die Gemüsepfanne mit Sesam und Koriandergrün bestreut servieren.

BRAIN-FACTOR
Süßlupinen bieten fast alles, was das Hirn benötigt, um gesund und leistungsfähig zu sein: bis zu 40 Prozent hochwertiges Pflanzeneiweiß, mehrfach ungesättigte Fettsäuren und jede Menge Vitamine und Mineralstoffe – nicht zu vergessen Lecithin.

Tagliatelle
mit Tomaten-Linsen-Sugo

Zutaten
für 2 Personen

1 kleine Zwiebel
1 Knoblauchzehe
1 Möhre
1 Stange Staudensellerie
150 g Lauch
4 Zweige Thymian
2 EL Olivenöl
80 g Berglinsen
2 TL Tomatenmark
6 EL trockener Rotwein
(ersatzweise Gemüsebrühe)
400 g stückige Tomaten
(aus der Dose)
1 Lorbeerblatt
Salz, Pfeffer aus der Mühle
200 g Vollkorn-Tagliatelle
1/2 Bund Petersilie

40 Minuten Zubereitung

pro Portion: 650 kcal,
26 g EW, 14 g F, 87 g KH

Die rotbraunen Berglinsen sind viel kleiner und kompakter als die flachen Tellerlinsen. Sie schmecken wunderbar würzig und nussig und zerfallen auch bei längerem Kochen nicht – perfekt für einen kräftigen Sugo all'italiana!

1. Zwiebel und Knoblauch schälen und getrennt fein würfeln. Möhre, Sellerie und Lauch putzen und schälen beziehungsweise waschen, alle Gemüsesorten in kleine Würfel schneiden. Thymian waschen, trocken tupfen, die Blätter abzupfen und fein hacken. Die Zwiebel in einem Topf im Öl bei mittlerer Hitze andünsten. Möhre, Sellerie, Lauch und Knoblauch hinzufügen und unter Rühren etwa 3 Minuten anbraten. Linsen und Tomatenmark dazugeben und kurz andünsten.

2. Mit Wein ablöschen und die Tomatenstücke unterrühren. Lorbeerblatt und Thymian hinzufügen, alles mit Salz und Pfeffer würzen, aufkochen und mit geschlossenem Deckel bei mittlerer Hitze 25 bis 30 Minuten köcheln lassen, bis die Linsen weich sind. Dabei ab und zu umrühren und, falls nötig, etwas Nudelkochwasser dazugießen.

3. Inzwischen die Nudeln in reichlich kochendem Salzwasser nach Packungsangabe bissfest garen. Die Petersilie waschen, trocken tupfen, die Blätter abzupfen und fein hacken. Zum Servieren die Nudeln in ein Sieb abgießen und abtropfen lassen, mit dem Linsen-Sugo anrichten und mit der Petersilie bestreut servieren.

BRAIN-FACTOR

Berglinsen sind die reinsten Nährstoffbündel und stärken unsere grauen Zellen mit Kraftnahrung. Denn in den Samenfrüchten stecken beachtliche Mengen an Ballaststoffen, Proteinen, Magnesium, Eisen, Zink und B-Vitaminen. Ihr hoher Eiweißgehalt – rund 24 g pro 100 g – wird noch aufgewertet, da unser Körper das Eiweiß besser verwerten kann, wenn diese mit Getreideprodukten, wie zum Beispiel Pasta, kombiniert werden. So wird der Tomaten-Linsen-Sugo zu einem hervorragenden Hackfleischersatz.

Veggie-Curry mit
Kichererbsen und Spinat

Zutaten
für 2 Personen

6 grüne Kardamomkapseln
1 kleine Zwiebel
3 Knoblauchzehen
20 g Ingwer
1/2 Chilischote
400 g Tomaten
1 TL Kokosöl
1 TL Senfkörner
1/2 TL Kurkumapulver
1 TL Kreuzkümmelpulver
1 TL Korianderpulver
1 TL Zimtpulver
400 ml Kokosmilch
600 g Blattspinat
250 g gegarte Kichererbsen
(aus dem Glas)

30 Minuten Zubereitung

pro Portion: 590 kcal,
19 g EW, 43 g F, 23 g KH

Für das Rezept verwende ich gern getrocknete Kichererbsen. Das erfordert etwas Planung, weil man sie am besten über Nacht einweichen und dann vorgaren muss. Verschlossen im Kühlschrank, lassen sie sich mehrere Tage aufbewahren.

1. Kardamonkapseln öffnen und die Samen im Mörser fein zermahlen. Zwiebel, Knoblauch und Ingwer schälen und würfeln. Chili längs halbieren, nach Belieben entkernen, waschen und fein hacken. Tomaten waschen und grob würfeln, dabei die Stielansätze entfernen.

2. Zwiebel, Knoblauch und Ingwer in einem Topf im Öl andünsten. Chili, Senfkörner, Kurkuma, Kreuzkümmel, Koriander, Zimt und Kardamom hinzufügen (nach Belieben alternativ Gewürzmischungen wie Garam masala oder Tikka-Gewürze verwenden) und alles bei mittlerer Hitze 1 bis 2 Minuten mit andünsten. Tomaten und Kokosmilch dazugeben und alles offen etwa 5 Minuten köcheln lassen.

3. Inzwischen den Spinat verlesen, waschen und grob in Streifen schneiden. Die Kichererbsen in einem Sieb abbrausen und abtropfen lassen. Beides zum Curry geben und einige Minuten mitgaren, bis der Spinat zusammengefallen ist. Falls das Curry zu trocken ist, noch etwas Wasser oder (glutenfreie) Gemüsebrühe hinzufügen. Zum Servieren auf tiefe Teller verteilen, nach Belieben mit Koriandergrün bestreuen und Bio-Zitronenspalten dazu reichen.

BRAIN-FACTOR

Kokosmilch gehört zusammen mit Kokosöl und Kokoswasser zu den gesündesten Lebensmitteln der Welt – man könnte sich wochenlang von der Kokosnuss ernähren, ohne einen Mangel zu erleiden. Eigentlich ist die weiße „Wunderflüssigkeit" gar keine Milch, denn sie wird aus dem Fruchtfleisch reifer Kokosnüsse gepresst. Kokosmilch ist eine Top-Quelle für Laurinsäure – eine mittelkettige Fettsäure, die leicht verdaut wird und schnell Energie liefert. Sie besitzt antibakterielle und antivirale Effekte, und stärkt zudem das Immunsystem.

Fisch und Meeresfrüchte

Fetter Fisch
für fettes Hirn!

Vereinfacht gesagt besteht unser Gehirn rund zur Hälfte aus Fetten, vor allem aus langkettigen, mehrfach ungesättigten Omega-3-Fettsäuren wie EPA (Eicosa-pentaensäure) und DHA (Docosa-hexaensäure). Fisch und Meeresfrüchte enthalten diese „guten" Fettsäuren, die in unserem Körper gar nicht oder nur in eingeschränkter Menge selbst gebildet werden können. Wir müssen sie also durch unsere Nahrung aufnehmen.

DHA kommt zum Beispiel in großer Menge in den Membranen unserer Gehirnzellen vor und sorgt – ähnlich wie das Öl bei einem Motor – dafür, dass unser Hirn wie „geschmiert" funktioniert. Dass also die Signal- und Informationsübertragung in unserem Kopf gut klappt. Wenn Sie Ihr Gedächtnis und Ihre Konzentrationsfähigkeit auf Trab bringen wollen, dann greifen Sie zu Fischen, die viel von diesem guten Schmierstoff enthalten – zum Beispiel Lachs, Makrele und Hering. Fette, die Sie absolut meiden sollten, sind übrigens die sogenannten Transfette. Sie entstehen bei der Fetthärtung in der Industrie (für Fertiggebäck, Frittierfett etc.). Transfette belasten unseren Fettstoffwechsel und behindern die positiven Effekte der Omega-3-Fettsäuren.

Ein echter Clou sind Muscheln. Auch sie möbeln unser Gedächtnis auf, weil in ihnen viele B-Vitamine stecken. Dazu sind sie sehr mager und kalorienarm. Mit ihnen lässt sich unser Gehirn „überlisten". Weil man Muscheln erst aus ihren Schalen pulen muss, isst man sie langsamer und in kleineren Portionen. Man wird quasi ausgebremst und schneller satt, da unser Gehirn das Sättigungsgefühl früher aussenden kann. Ein echter Diät-Hit!

Fisch und Meeresfrüchte sorgen im Allgemeinen dafür, dass wir länger satt sind, denn sie liefern viel gesundes Eiweiß. Die Chance eines „Zwischendurch-Hungergefühls", bei dem man fast reflexartig zu ungesunden Snacks greift, sinkt deutlich.

Einige Studien lassen sogar den Rückschluss zu, dass Fisch richtig gute Laune macht. Das National Institute of Health in den USA will herausgefunden haben: Je mehr Fisch in einem Land verzehrt wird, desto seltener werden dort Depressionen festgestellt. Wissenschaftler nehmen an, dass die Omega-3-Fettsäuren dabei eine entscheidende Rolle spielen. Ein niedriger Blutspiegel von Omega-3-Fettsäuren führt vermutlich zu einem Mangel am Glücksbotenstoff Serotonin.

Abschließend möchte ich noch dafür plädieren, dass Sie Fisch und Co. in einer „klugen" Dosis auf Ihren Speiseplan setzen, denn viele Arten sind überfischt. Per Apps von Greenpeace oder dem WWF können Sie sich informieren, welchen Fisch aus welcher Region Sie wählen sollten. Und: Auch Meeresfrüchte können belastet sein. Mikroplastik und Quecksilber führen in der entsprechenden Dosis zu neurotoxischen Effekten. Meist überwiegen aber die Vorteile.

Lachs-Carpaccio
mit Campari-Dressing

Zutaten
für 2 Personen

Für das Carpaccio
100 g Rucola
3 EL Kapern (in Salz)
Öl zum Braten
200 g Lachsfilet
(Sushi-Qualität)

Für das Dressing
4 EL Campari
4 EL Zitronensaft
4 EL Olivenöl
1 Prise Zucker
Salz, Pfeffer aus der Mühle

25 Minuten Zubereitung

pro Portion: 480 kcal,
22 g EW, 37 g F, 2 g KH

Der Clou an dem Rezept sind die gebratenen Kapern und das Campari-Dressing. Obwohl ich eigentlich noch nie ein Fan von Campari in Getränken war, schmeckt der italienische Likör als Dressing mit Zitronensaft, Olivenöl und Zucker klasse.

1. Für das Carpaccio den Rucola verlesen, waschen und trocken tupfen. Für das Dressing alle Zutaten gründlich verrühren.

2. Die Salzkapern in einem Sieb gründlich abbrausen, abtropfen lassen und trocken tupfen. In einer kleinen Pfanne etwas Öl erhitzen und die Kapern darin unter Rühren rundum knusprig braten. Herausnehmen und abkühlen lassen.

3. Den Lachs waschen, trocken tupfen und in hauchdünne Scheiben schneiden. Leicht überlappend auf flachen Tellern oder einer Servierplatte anrichten. Die Hälfte des Dressings darüber verteilen.

4. Den Rucola mit dem restlichen Dressing mischen und den Salat auf dem Fisch verteilen. Zum Servieren mit den Kapern bestreuen.

MEIN KÜCHENTIPP
Gebratene Salzkapern können Sie auch gut in anderen Gerichten verwenden. Zum Beispiel in Salaten, zu mariniertem Gemüse oder in Nudelgerichten.

BRAIN-FACTOR

Lachs enthält mit seinen Omega-3-Fettsäuren jede Menge guten „Schmierstoff" für unser Gehirn. Die Fette reduzieren Entzündungen und fördern die Durchblutung des Hirns. Das gilt vor allem für Wildlachs, denn Zuchtlachs, der vorwiegend mit Pflanzenmaterial gefüttert wird, enthält weniger der guten Fettsäuren. Auch mit Vitamin B_{12}, einem der wichtigsten Vitamine für die korrekte Funktionsweise unseres Gehirns, werden wir durch Lachs ausreichend versorgt.

Matjes-Rote-Bete-Tatar
auf Kartoffelscheiben

Zutaten
für 2 Personen

400 g festkochende
Kartoffeln
Salz
2 Matjesfilets (à ca. 60 g)
1 Rote Bete (ca. 150 g)
2 EL Rapsöl
Pfeffer aus der Mühle
1/2 Bund Schnittlauch
2 TL Zitronensaft
1 kleine Zwiebel
5 EL Gemüsebrühe
2 EL Weißweinessig
1 TL mittelscharfer Senf
1 EL Schmand

45 Minuten Zubereitung

pro Portion: 470 kcal,
15 g EW, 26 g F, 38 g KH

Wer bei Matjes nur an Pellkartoffeln oder Fischbrötchen denkt, wird staunen, wie fein man den jungen Hering zubereiten kann. Hier habe ich ihn mit Roter Bete kombiniert und auf einem Kartoffel-Carpaccio arrangiert. Das überzeugt sogar „Fischmuffel"!

1. Die Kartoffeln waschen und mit Schale in Salzwasser etwa 25 Minuten weich garen. Dann abgießen, kurz ausdampfen lassen, pellen und in Scheiben schneiden.

2. Inzwischen die Matjesfilets mit einem scharfen Messer erst in dünne Scheiben, dann in kleine Würfel schneiden. Bete putzen, schälen und fein würfeln (am besten mit Einweghandschuhen arbeiten!). In einer Pfanne in 1 EL Öl bei mittlerer Hitze etwa 5 Minuten dünsten, salzen und pfeffern. Vom Herd nehmen, abkühlen lassen. Schnittlauch waschen, trocken tupfen und in Röllchen schneiden. Matjes mit Roter Bete, der Hälfte des Schnittlauchs und Zitronensaft mischen. Pfeffern, im Kühlschrank etwa 20 Minuten ziehen lassen.

3. Inzwischen Zwiebel schälen, fein würfeln und in einem Topf im übrigen Öl dünsten. Brühe dazugießen und einmal aufkochen. Vom Herd nehmen, mit Essig, Salz, Pfeffer und Senf mischen. Kartoffelscheiben auf großen Tellern auslegen, mit warmer Brühe übergießen. Tatar abschmecken, in die Mitte der Kartoffeln geben, je 1 Klecks Schmand daraufsetzen und mit übrigem Schnittlauch bestreuen.

BRAIN-FACTOR

Wissenschaftler empfehlen, wöchentlich mindestens zwei Portionen Fisch (etwa 200 g pro Woche) zu essen, um die Versorgung mit mehrfach ungesättigten Omega-3-Fettsäuren sicherzustellen. Etwa die Hälfte davon sollte von Kaltwasserfischen wie Hering stammen. Vor allem Matjes – junger in Salzlake gereifter Hering – glänzt mit den biologisch aktiven Omega-3-Fettsäuren EPA (Eicosapentaensäure) und DHA (Docosahexaensäure). Diese schützen unser Herz-Kreislauf-System und wirken entzündungshemmend. Sie fördern die geistige Leistungsfähigkeit und senken das Demenz-Risiko.

Ceviche
mit Mango-Avocado-Salsa

Zutaten
für 2 Personen

Für die Ceviche
250 g Wolfsbarschfilet
(Sushi-Qualität)
65 ml Limettensaft
(von ca. 3 Limetten)
1 EL Olivenöl
Salz, Pfeffer aus der Mühle

Für die Salsa
1/2 rote Zwiebel
1/2 kleine Knoblauchzehe
1/2 rote Chilischote
1 Avocado
1/2 Mango
1/2 Bund Koriandergrün
2 EL Olivenöl
Salz, Pfeffer aus der Mühle

20 Minuten Zubereitung
+ 25 Minuten Marinieren

pro Portion: 440 kcal,
25 g EW, 27 g F, 20 g KH

Ceviche ist ein traditionelles Fischgericht aus Lateinamerika. Achten Sie auf das Verhältnis von Säure und Fisch. Ideal sind 120 ml Säure zu je 450 g Fisch. Für das Rezept eignen sich auch Lachs, Kabeljau, Dorade oder Jakobsmuscheln.

1. Für die Ceviche den Fisch waschen, trocken tupfen und in 1/2 cm kleine Würfel schneiden. Mit dem Limettensaft, Öl, Salz und Pfeffer in einer Schüssel mischen. Bis zum gewünschten Gargrad (siehe Tipp) im Kühlschrank 15 bis 25 Minuten marinieren.

2. Für die Salsa inzwischen Zwiebel und Knoblauch schälen und fein würfeln. Die Chilischote längs halbieren, entkernen, waschen und in sehr feine Würfel schneiden. Die Avocado halbieren, entkernen, schälen und in kleine Würfel schneiden. Die Mango schälen, falls nötig, vom Stein schneiden und klein würfeln. Den Koriander waschen, trocken tupfen, die Blätter abzupfen und fein hacken. Zwiebel, Knoblauch, Chili, Avocado, Mango, Koriander und Öl mischen und die Salsa mit Salz und Pfeffer würzen.

3. Die Ceviche ohne Marinade auf Tellern anrichten. Die Salsa dazu reichen, nach Belieben mit etwas Fischmarinade beträufeln und mit Pfeffer bestreuen. Sofort servieren.

MEIN KÜCHENTIPP
Bei der Ceviche wird das Fischeiweiß nicht durch Hitze, sondern durch Marinieren mit Säure „kalt gegart" beziehungsweise denaturiert. Der Gargrad, also das weißliche Verfärben des Fischs, hängt dabei von der Menge der Zitrone und der Dauer des Marinierens ab.

BRAIN-FACTOR
Obwohl die Mango recht viel Fruchtzucker enthält, kann sie mit ihren Vitaminen punkten. Ihr Provitamin A, das Beta-Carotin, hilft bei der Zellerneuerung, beugt also dem Abbau unserer geistigen Leistungsfähigkeit vor, und stärkt das Immunsystem. Mit 30 mg Vitamin C pro 100 g deckt sie etwa ein Drittel des Tagesbedarfs dieses Vitamins.

Miesmuscheln
in Kokos-Curry-Sauce

Zutaten
für 2 Personen

1 kg Miesmuscheln
1/2 Zwiebel
1 Knoblauchzehe
100 g Möhre
100 g Staudensellerie
1 EL Kokosöl
1 TL Currypulver
1 EL gelbe Thai-Currypaste
100 ml Weißwein
300 ml Kokosmilch
2 Lorbeerblätter
Salz, Pfeffer aus der Mühle
1/2 Bund Koriandergrün

30 Minuten Zubereitung

pro Portion: 520 kcal,
21 g EW, 37 g F, 15 g KH

Wie oft haben meine süddeutschen Freunde mich – den Norddeutschen – „Muschelschubser" genannt. Ob mir das etwas ausmacht? Quatsch! Ich würde sogar noch einen Schritt weitergehen und mich als regelrechten „Muschelesser" bezeichnen.

1. Die Muscheln in kaltem Wasser waschen und, falls nötig, den Bart entfernen. Dabei bereits geöffnete Muscheln aussortieren. Zwiebel und Knoblauch schälen, beides fein würfeln. Möhre putzen, schälen und fein würfeln. Sellerie putzen, waschen und fein würfeln.

2. Das Öl in einem großen Topf erhitzen und das Gemüse darin mit Currypulver und Currypaste andünsten. Mit Wein ablöschen, Kokosmilch mit Lorbeerblättern dazugeben, salzen und pfeffern. Alles offen bei schwacher Hitze 3 bis 5 Minuten leicht einköcheln lassen.

3. Anschließend die Muscheln unterrühren und mit geschlossenem Deckel bei mittlerer Hitze 5 bis 8 Minuten dämpfen. Die Muscheln sollten danach geöffnet sein, am Ende der Garzeit noch geschlossene Exemplare ebenfalls aussortieren.

4. Zum Servieren Koriander waschen, trocken tupfen, Blätter abzupfen und fein hacken. Muscheln in der Sauce anrichten, mit Koriander bestreuen. Dazu passt geröstetes Sauerteigbrot mit Knoblauch.

BRAIN-FACTOR

Miesmuscheln gelten als Delikatesse. Allerdings sind sie ein wenig in Verruf geraten, weil bei Discounterware teilweise bedenkliche Mengen Blei und Arsen entdeckt wurden. Die sind schädlich für das Gehirn, weil sie sich dort sammeln und schon in geringen Mengen die Hirnleistung beeinträchtigen. Kaufen Sie deshalb Muscheln am besten bei einem Fischhändler Ihres Vertrauens! Miesmuscheln enthalten viel Jod – ein Spurenelement, das die Schilddrüse braucht, um ihre Steuerungshormone zu bilden und optimal arbeiten zu können. Fehlt Jod, sinkt die Lern- und Konzentrationsfähigkeit, die Nerven sind angespannt und Müdigkeit stellt sich ein.

Fischfilets aus dem Ofen
mit zweierlei Kruste

Zutaten
für je 2 Personen

Für den Fisch
2 Kabeljaufilets (à ca. 180 g)
Saft von 1/2 Zitrone
Salz, Pfeffer aus der Mühle

Für die Tomate-Käse-Kruste
1/2 rote Zwiebel
250 g Cocktailtomaten
1/2 rote Paprikaschote
1 Kugel Mozzarella (125 g)
1/2 Bund Basilikum
Salz, Pfeffer aus der Mühle
2 EL geriebener Parmesan

Für die Kräuterkruste
1 Eigelb (Größe M)
1 EL Dijon-Senf
4–5 EL gemischte Kräuter
(z. B. Basilikum, Oregano,
Petersilie, Thymian)
1 Scheibe Pumpernickel
2 getr. Tomaten (in Öl)
1 Knoblauchzehe
abgeriebene Schale von
1/2 Bio-Zitrone
Salz, Pfeffer aus der Mühle

15 Minuten Zubereitung
+ 15 Minuten Garen

pro Portion mit Tomate-
Käse-Kruste: 390 kcal,
48 g EW, 17 g F, 7g KH

pro Portion mit Kräuter-
kruste: 240 kcal,
36 g EW, 5 g F, 10 g KH

Die Idee für das Rezept kam mir im Supermarkt, genauer beim Griff in die Gefriertruhe zum bekannten Schlemmerfilet. Mein Ehrgeiz war geweckt: Das muss man doch auch selbst machen können. Geht auch mit Wolfs-, Rotbarsch, Zander und Lachs.

1. Für den Fisch den Backofen auf 180 °C vorheizen.

2. Für die Tomate-Käse-Kruste die Zwiebel schälen und fein würfeln. Die Tomaten waschen und fein würfeln. Die Paprikahälfte putzen, waschen und würfeln. Den Mozzarella fein würfeln. Das Basilikum waschen, trocken tupfen, die Blätter abzupfen und in feine Streifen schneiden. Zwiebel, Tomaten, Paprika, Mozzarella und Basilikum mischen und mit Salz und Pfeffer würzen.

3. Für die Kräuterkruste Eigelb und Senf verrühren. Die Kräuter waschen, trocken tupfen und die Blätter abzupfen. Pumpernickel mit Kräutern, getrockneten Tomaten und geschältem Knoblauch im Mixer zu Kräuterbröseln verarbeiten. Die Zitronenschale dazugeben und alles mit der Senf-Eigelb-Mischung, Salz und Pfeffer mischen.

4. Fisch waschen, trocken tupfen und mit Zitronensaft beträufeln. Mit Salz und Pfeffer würzen, in eine ofenfeste Form setzen und die Tomatenmischung sowie den Parmesan (alternativ Kräutermischung) darauf verteilen. Die Fischfilets im Ofen auf der mittleren Schiene etwa 15 Minuten garen. Herausnehmen und sofort servieren.

BRAIN-FACTOR

Kabeljau ist ein sehr magerer Fisch mit feinem, festem Fleisch. Er beschert uns reichlich Selen – ein Spurenelement, das unser Immunsystem unterstützt und die Nervenzellen im Gehirn schützt. Denn Selen bildet Enzyme, die den Körper entgiften, und baut Stoffe auf, die – ähnlich wie die Antioxidantien Beta-Carotin, Vitamin C und E – freie Radikale besser abwehren können. Deshalb sollten selenreiche Nahrungsmittel wie Fisch regelmäßig auf den Tisch kommen.

Lachs mit Chiakruste
und grünem Spargel

Zutaten
für 2 Personen

Für den Fisch
2 Lachsfilets (à ca. 150 g)
2 EL Teriyaki-Sauce
(japan. Würzsauce)
2 EL Chiasamen
1 TL Kokosöl

Für das Gemüse
500 g grüner Spargel
10 g Ingwer
1–2 Knoblauchzehen
1 kleine rote Chilischote
1 TL Kokosöl
2 EL Sojasauce
Pfeffer aus der Mühle

30 Minuten Zubereitung

pro Portion: 430 kcal,
37 g EW, 26 g F, 7 g KH

Lachs geht immer! Er ist einfach zuzubereiten, saftig, aromatisch und voller guter Nährstoffe. Wenn gerade Saison ist, kombiniere ich am liebsten grünen Spargel dazu. Ansonsten passt auch eine Mischung aus grünem Blattgemüse (siehe Seite 91).

1. Für den Fisch den Lachs waschen, trocken tupfen und in der Teriyaki-Sauce rundum wenden. Wer mag, kann weitere Gewürze wie durchgepressten Knoblauch, geriebenen Ingwer und 1 Prise 5-Gewürze-Pulver hinzufügen. Danach die Chiasamen auf einem Teller verteilen und den Fisch mit einer Seite leicht hineindrücken, sodass diese vollständig von den Samen bedeckt ist.

2. Für das Gemüse inzwischen den Spargel waschen und die holzigen Enden abschneiden. Ingwer und Knoblauch schälen und fein würfeln. Die Chili längs halbieren, entkernen, waschen und in feine Streifen schneiden.

3. Den Lachs in einer beschichteten Pfanne im Öl auf der Chiakruste 2 bis 3 Minuten anbraten. (Vorsicht mit der Hitze, sonst verbrennen die Samen!) Den Fisch wenden und auf der anderen Seite ebenfalls braten. Die Filets bis zum Servieren warm halten.

4. Währenddessen Ingwer und Knoblauch in Wok oder Pfanne in wenig Öl andünsten. Spargel hinzufügen und 5 bis 8 Minuten sanft braten. Mit Sojasauce, Pfeffer und Chili würzen, dann Spargel und Lachs auf Teller verteilen. Dazu passen Reis oder Asia-Nudeln.

BRAIN-FACTOR

Seefisch ist ein guter Vitamin-D-Lieferant. Das ist ein Hormon, das die Aufnahme von Kalzium aus der Nahrung und dessen Einbau in die Knochen regelt. Ältere Menschen sollten regelmäßig Seefisch wie Lachs essen, um einen Mangel zu vermeiden. Denn Studien wiesen nach, dass ein niedriger Vitamin-D-Spiegel mit einem höheren Alzheimer-Risiko einhergeht. Der Körper kann zwar mit Sonnenlicht selbst Vitamin D herstellen, doch die Produktion lässt im Alter nach.

Thunfischsteaks
mit Kartoffeln und Tomaten

Zutaten
für 2 Personen

Für die Marinade
1 TL Korianderkörner
1 TL Senfkörner
4 Knoblauchzehen
1 Stängel Zitronengras
1 Chilischote (in Würfeln)
2 EL Erdnusskerne
150 g Tomaten
(Stielansätze entfernt)
1 TL brauner Zucker
1 EL Olivenöl
Salz, Pfeffer aus der Mühle

Außerdem
2 Thunfischsteaks
(à ca. 125 g)
400 g festkochende
Kartoffeln
Salz
200 g Cocktailtomaten
1 EL Olivenöl
1 EL Honig
grobes Meersalz
1/4 Bund Petersilie
1 Bio-Zitrone (in Spalten)

45 Minuten Zubereitung

pro Portion: 670 kcal,
36 g EW, 35 g F, 48 g KH

Wie bei allen Fischarten sollten Sie auch beim Thunfisch auf die Herkunft achten (siehe Seite 119). In einigen Regionen ist er gnadenlos überfischt. Die Marinade passt genauso zu dem thunfischähnlichen Bonito oder weißem Thun, zu Forelle oder Makrele – und sie schmeckt auch zu Hähnchenkeulen!

1. Für die Marinade Koriander- und Senfkörner in einer Pfanne ohne Fett hell rösten, bis sie zu duften anfangen. Herausnehmen und im Mörser fein zermahlen. Knoblauch schälen. Vom Zitronengras die welken Außenblätter und die obere, trockene Hälfte entfernen, die untere Hälfte fein hacken. Alle Zutaten für die Marinade im Mixer fein pürieren. Den Fisch waschen, trocken tupfen und mit der Hälfte der Marinade bestreichen. Dann kühl stellen.

2. Die Kartoffeln schälen, je nach Größe vierteln oder achteln und in Salzwasser weich garen. Tomaten waschen, mit Öl, Honig und Meersalz mischen und in einer Pfanne 3 bis 4 Minuten braten, beiseitestellen. Kartoffeln abgießen und kurz ausdampfen lassen, mit übriger Marinade im Topf durchschwenken und warm halten. Die Petersilie waschen, trocken tupfen, die Blätter abzupfen und fein hacken.

3. Thunfisch in einer Pfanne auf jeder Seite etwa 2 Minuten anbraten. Den Fisch mit Kartoffeln und Tomaten auf Teller verteilen und mit Petersilie bestreut servieren. Die Zitronenspalten dazu reichen.

BRAIN-FACTOR

Frischer Thunfisch (nicht aus der Dose) liefert reichlich hochwertiges Eiweiß und viele ungesättigte Omega-3-Fettsäuren. Sie schützen unser Herz und unser Gehirn. Außerdem enthält er die Vitamine A, D, E und einige B-Vitamine. Mit Eisen, Magnesium, Zink, Kalium und Jod ist er zudem ein guter Mineralstofflieferant. Achtung: Thunfisch kann mit Quecksilber belastet sein. Quecksilber wird mit der Entstehung von Gehirnkrankheiten in Verbindung gebracht. Informieren Sie sich am besten über die neuesten Qualitäts-Checks!

Curryzander mit
Algen und schwarzem Reis

Laktose frei

**Zutaten
für 2 Personen**

100 g schwarzer Reis
1 Schalotte
5 g Ingwer
etwas Kokosöl
1 TL brauner Zucker
1/2 TL rote Thai-Currypaste
100 ml Kokosmilch
100 ml Fischfond
(aus dem Glas)
1 TL Fischsauce
Saft und abgeriebene Schale
von 1/2 Bio-Limette
30 g getr. Wakame-Algen
400 g Zander-Loins
(mit Haut)
Salz, Pfeffer aus der Mühle
Mehl zum Bestäuben

45 Minuten Zubereitung

pro Portion: 580 kcal,
53 g EW, 16 g F, 53 g KH

Dieses Rezept ist etwas raffinierter: Algen, Currysauce und schwarzer Reis schmecken zusammen einfach traumhaft. Dazu das feine Aroma des gebratenen Zanders. Ein Gericht, mit dem Sie garantiert bei jedem Fisch-Fan Eindruck hinterlassen.

1. Den Reis nach Packungsanweisung bissfest garen, das dauert ungefähr 20 Minuten. Inzwischen für die Sauce Schalotte und Ingwer schälen, fein würfeln und in einem kleinen Topf im Öl andünsten. Zucker und Currypaste dazugeben und leicht karamellisieren lassen. Mit Kokosmilch und Fond ablöschen, mit Fischsauce, Limettenschale und -saft würzen. Bei Bedarf etwas einköcheln lassen.

2. Die Algen in einer Schüssel mit kochendem Wasser übergießen und 5 bis 7 Minuten ziehen lassen. Währenddessen den Zander waschen, trocken tupfen, mit Salz und Pfeffer würzen und die Hautseite leicht mit Mehl bestäuben. Den Fisch in einer Pfanne in etwas Öl bei mittlerer Hitze auf der Hautseite etwa 4 Minuten kross braten. Dann wenden, die Pfanne vom Herd nehmen und den Fisch in der Nachhitze der Pfanne 2 bis 3 Minuten glasig ziehen lassen.

3. Zum Servieren die Sauce mit dem Stabmixer aufschäumen und jeweils etwas davon auf tiefe Teller verteilen. Den Reis und den Fisch mit der Hautseite nach oben darauf anrichten. Die Algen darum herumverteilen und alles mit der übrigen Sauce beträufeln.

BRAIN-FACTOR

Algen sind kalorienarm und liefern Proteine sowie Omega-3-Fettsäuren, Mineralstoffe wie Kalzium und Magnesium, die Vitamine A, C, E und B_6 – der Gehalt variiert je nach Sorte. Algen wie Nori, Spirulina oder Chlorella enthalten Vitamin B_{12}, das dem Gehirn hilft, neue Neuronen zu bilden und neuronale Reize schneller weiterzugeben. Ein Mangel kann müde, schwach und depressiv machen. Auch mit einem erhöhten Alzheimer-Risiko wird ein B_{12}-Mangel in Verbindung gebracht. Beim Einkauf auf Qualität achten, um Verunreinigungen, Gifte oder unerwünscht hohe Jodgehalte (bei Trockenware) zu vermeiden.

Sesamforelle
mit Lauchkartoffeln

Zutaten
für 2 Personen

250 g Lauch
300 g festkochende
Kartoffeln
Öl zum Braten
200 ml Gemüsebrühe
400 g Forellenfilets
Salz, Pfeffer aus der Mühle
100 g helle Sesamsamen
2 EL Mehl
1 Ei (Größe M)
Butterschmalz zum Braten
100 g Frischkäse
(Halbfettstufe)
frisch geriebene Muskatnuss

45 Minuten Zubereitung

pro Portion: 880 kcal,
65 g EW, 48 g F, 41 g KH

Sesam öffne dich! In dem Rezept dreht sich alles um die sagenhafte Kombination aus Fisch und Sesam. Die kleinen Samen sorgen neben einem leicht süßlichen Nussaroma für das knusprige Etwas. Falls Sie keine Forellenfilets bekommen, gelingt das Rezept genauso mit Schollenfilets.

1. Den Lauch putzen, längs halbieren, waschen und in etwa 3 cm lange Stücke schneiden. Die Kartoffeln schälen und in mittelgroße Stücke schneiden. Das Öl in einem Topf erhitzen und Lauch und Kartoffeln darin 1 bis 2 Minuten anbraten. Mit der Brühe ablöschen und alles mit geschlossenem Deckel etwa 15 Minuten garen.

2. Inzwischen die Fischfilets waschen, trocken tupfen und mit Salz und Pfeffer würzen. Den Sesam und das Mehl jeweils in tiefe Teller geben. Das Ei in einem weiteren tiefen Teller verquirlen. Den Fisch erst im Mehl wenden, dann durch das verquirlte Ei ziehen und zuletzt im Sesam panieren, gut andrücken.

3. In einer Pfanne etwas Butterschmalz erhitzen und den Fisch darin bei mittlerer Hitze auf jeder Seite je nach Dicke 2 bis 3 Minuten braten. (Vorsicht, sonst verbrennen die Samen!) Zum Servieren den Frischkäse unter die Lauchkartoffeln rühren und mit Muskatnuss und Pfeffer würzen. Auf Teller verteilen und den Fisch daraufsetzen.

MEIN KÜCHENTIPP
Meiden Sie Südeuropa und Südamerika als Herkunft für Forellen, besser Fische aus Zentral- und Nordeuropa kaufen.

BRAIN-FACTOR

Die Forelle, ein Süßwasserfisch, liefert viel „Treibstoff" für unser Gehirn in Form von hochwertigem und leichtverdaulichem Eiweiß. Mit seinen B-Vitaminen und den Omega-3-Fettsäuren unterstützt er unsere Stressresistenz. Dabei gehört er mit 2 bis 3 Prozent Fettanteil zu den mittelfetten Fischen und ist nicht ganz so fettreich wie Lachs, Hering oder Makrele.

Garnelen
mit Zucchininudeln

Zutaten
für 2 Personen

1 Schalotte
1 Knoblauchzehe
je 1 gelbe und grüne
Zucchini
250 g Garnelen
(geschält und entdarmt)
200 g Cocktailtomaten
Olivenöl zum Braten
und Servieren
100 ml Weißwein
abgeriebene Schale von
1/2 Bio-Zitrone
Salz, Pfeffer aus der Mühle
1 EL gehackter Basilikum

25 Minuten Zubereitung

pro Portion: 300 kcal,
28 g EW, 12 g F, 8 g KH

Seit einiger Zeit beschäftige ich mich mit dem Thema Intervallfasten (siehe Seite 9) – an diesen Tagen lege ich besonderen Wert auf eine ausgewogene Mahlzeit, die trotz weniger Kalorien satt macht. Natürlich können Sie das Gericht nach Belieben mit Pesto, Crème fraîche oder Parmesan noch „pimpen".

1. Schalotte und Knoblauch schälen und fein würfeln. Die Zucchini putzen, waschen und mit einem Spiralschneider oder dem Sparschäler in schmale Streifen schneiden (siehe Tipp). Die Garnelen waschen und trocken tupfen. Die Tomaten waschen und halbieren.

2. In einer Pfanne etwas Öl erhitzen und Schalotte und Knoblauch darin andünsten. Die Garnelen dazugeben und mit anbraten. Mit Wein ablöschen und Zucchininudeln und Tomaten hinzufügen. Alles bei schwacher Hitze 2 bis 3 Minuten köcheln lassen.

3. Mit Zitronenschale, Salz, Pfeffer und nach Belieben mit Chiliflocken abschmecken. Zum Servieren Gemüse und Garnelen auf Teller verteilen, mit Olivenöl beträufeln und mit Basilikum bestreuen.

MEIN KÜCHENTIPP
Haben Sie keinen Spiralschneider? Dann schneiden Sie die Zucchini einfach mit dem Sparschäler in breite Streifen und halbieren diese.

BRAIN-FACTOR

Garnelen sind eine gute Quelle für Zink. Das Spurenelement stärkt das Immunsystem und kommt auch im Gehirn vor. Ohne Zink läuft dort nichts – ob Denken, Antrieb, Reaktion auf Außenreize oder die Verarbeitung von Stress. Als Bestandteil wichtiger Gehirnenzyme ist es für die Bildung und den Stoffwechsel der Nervenbotenstoffe (Neurotransmitter) mit verantwortlich und wirkt bei der Umwandlung chemischer Reize in elektrische Signale mit. Zink beeinflusst die Signalübertragung an den Synapsen und dämpft die Erregung von Nervenzellen: Reflexe oder Befehle des Gehirns werden richtig verarbeitet, es kommt zu keiner Überreaktion.

Kurz gebratene Makrele
mit Avocadosalat

Zutaten
für 2 Personen

Für die Vinaigrette
2 EL Weißweinessig
1 TL Dijon-Senf
2 El Olivenöl
Salz, Pfeffer aus der Mühle
1 Prise Räucherpaprika-
pulver

Außerdem
1 Radicchio
1 reife Avocado
1 Frühlingszwiebel
150 g Mais (aus der Dose)
2 Makrelenfilets
(à ca. 150 g; mit Haut)
Öl zum Bestreichen
Salz, Pfeffer aus der Mühle

25 Minuten Zubereitung

pro Portion: 610 kcal,
33 g EW, 44 g F, 16 g KH

Fast jeder, der wie ich in Kiel geboren ist, hat ein besonderes Verhältnis zur Makrele. Geräuchert gehört sie dort auf einen anständigen Abendbrottisch. Sie macht sich aber auch gebraten gut. Die Cremigkeit der Avocado und die Süße der Maiskörner passen super zum bitteren Geschmack des Radicchio.

1. Für die Vinaigrette alle Zutaten in einer kleinen Schüssel verrühren. Für den Salat den Radicchio waschen und den Strunk entfernen. Die Blätter waschen, trocken schleudern und in dünne Streifen schneiden. Die Avocado halbieren, entkernen und schälen. Das Fruchtfleisch in kleine Würfel schneiden. Die Frühlingszwiebel putzen, waschen und in dünne Ringe schneiden. Den Mais in einem Sieb abbrausen und abtropfen lassen. Salat, Avocado, Frühlingszwiebel und Mais mit der Vinaigrette in einer Schüssel mischen.

2. Die Fischfilets waschen und trocken tupfen. Die Haut mit einem Messer mehrmals schräg einschneiden. Dann die Filets mit Öl bestreichen und mit Salz und Pfeffer würzen. In einer Pfanne auf der Hautseite 2 bis 3 Minuten braten, bis die Haut knusprig ist. Wenden und auf der anderen Seite weitere 1 bis 2 Minuten braten.

3. Zum Servieren den Fisch mit dem Salat auf Tellern anrichten und nach Belieben etwas frischen Pfeffer darübermahlen.

BRAIN-FACTOR

Ernährungsexperten halten die Makrele für supergesund: Der Fischart mit bis zu 30 Prozent Fett wird nachgesagt, das Wachstum von Krebszellen zu hemmen. Grund dafür ist ihr hoher Anteil an Omega-3-Fettsäuren – pro 100 g sind 2,5 g Omega-3-Fettsäuren enthalten, das deckt den Tagesbedarf. Die ungesättigten Fischfettsäuren sind für die Entwicklung der Gehirnaktivität und Sehkraft bereits bei Ungeborenen in der Schwangerschaft unverzichtbar. Als Baustoff der Zellwände erhalten sie die Funktion der Nerven- und Sehzellen auch im Erwachsenenalter. Neuesten Studien zufolge sollen sie auch die frühe Phase von Demenz lindern.

Geflügel und mageres Fleisch

Fleisch essen oder darauf verzichten?

Ich weiß, am Fleisch scheiden sich die Geister. Die Diskussionen darum, wie viel Einfluss der Fleischverzehr auf die Entwicklung des Gehirns und damit der Menschwerdung hatte, wird teilweise so intensiv geführt, dass sie mich oft an religiösen Eifer erinnert.

Leben Vegetarier gesünder? Die Frage beschäftigt auch die Wissenschaft. In einer umfassenden Studienanalyse kamen italienische Forscher zu dem Schluss: Das Risiko für die koronare Herzkrankheit lag bei einer Ernährung ohne Fleisch 25 Prozent unter dem der Mischköstler. Sind allgemeine Herz- und Kreislauf-Erkrankungen und Schlaganfall bereits aufgetreten, stellten sie keine Unterschiede fest. Experten sind inzwischen der Auffassung, dass mäßiger Fleischkonsum (1–2 Portionen pro Woche) kein Problem darstellt. Viel entscheidender als die Frage, wie oft Fleisch auf dem Tisch landet, sei der gesamte Ernährungs- und Lebensstil. Ohne Zweifel ist Fleisch ernährungsphysiologisch wertvoll, trägt zur Versorgung mit hochwertigen, gut verdaulichen Proteinen, den Vitaminen B_1, Niacin, B_6 und B_{12} sowie den Mineralstoffen Eisen und Zink bei. Kritisch scheint der hohe Verzehr von ver-

arbeiteten Produkten aus rotem Fleisch (gesalzen, gepökelt, geräuchert) zu sein. Sie erhöhen das Risiko für Herz-Kreislauf-Erkrankung, Diabetes und Krebs. Leider hat der hohe Proteingehalt auch eine Kehrseite: Sobald Eiweiß auf hohe Zuckerwerte trifft, können sich im Stoffwechsel Komplexe bilden – man spricht von verzuckertem Eiweiß. Im Übermaß sollen diese chronische Erkrankungen fördern, auch Alzheimer-Demenz.

Es liegt im Ermessen jedes Einzelnen, ob und in welchem Umfang er tierische Lebensmittel auf seinen Speiseplan setzt. Wer aus ethischen Gründen die Haltung und Schlachtung von Nutztieren ablehnt, wird sich für eine vegane oder vegetarische Ernährung entscheiden.
Meine erste Wahl bei Fleisch ist die Hähnchenbrust. Sie enthält (ohne Haut) kaum Fett, nämlich nur etwa 1 g pro 100 g. Dazu reichlich hochwertiges Eiweiß (21 g/100 g). Hähnchen ist nicht nur ein mageres Fleisch, sondern durch seine Inhaltsstoffe auch ein richtiger Muntermacher fürs Gehirn. Das im Fleisch enthaltenen Eisen (1 mg/100 g) erhöht die Anzahl der Erythrozyten (rote Blutkörperchen), die für die Versorgung unseres Gehirns mit Sauerstoff zuständig sind.

Egal ob Huhn oder Rind: Überlegen Sie gut, welches Fleisch sie kaufen. In der Tiermast werden Antibiotika noch immer großzügig eingesetzt, daher sollte Fleisch nicht aus Mastbetrieben stammen, sondern aus zertifiziert ökologischer Haltung. Im Ökolandbau ist die Anzahl der Tiere im Stall begrenzt und die Tiere haben einen Freilauf. Sie werden später geschlachtet und wachsen langsamer. Dadurch ist das Fleisch saftiger und aromatischer.

Rotes Thai-Curry
mit Hähnchen und Nudeln

 laktose frei

**Zutaten
für 2 Personen**

1 kleine Zwiebel
20 g Ingwer
1 Knoblauchzehe
250 g Hähnchenbrustfilet
Kokosöl zum Braten
1 EL rote Thai-Currypaste
200 ml Kokosmilch
100 ml Gemüsebrühe
1 Stängel Zitronengras
je 3 Curry- und Kaffir-
Limettenblätter
100 g Reisbandnudeln
150 g Austernpilze
2 Pak Choi
125 g Zuckerschoten
2 EL Fischsauce
Saft von 1/2 Limette
1 Handvoll Mungbohnen-
sprossen
50 g geröstete Erdnusskerne
2 EL gehacktes
Thai-Basilikum

30 Minuten Zubereitung

pro Portion: 830 kcal,
48 g EW, 41 g F, 60 g KH

Ich liebe Thai-Currys. Inzwischen gibt es die Zutaten dafür in fast jedem Supermarkt. Falls es bei Ihnen nicht so ist: Curry- und Kaffir-Limettenblätter bekommt man meist getrocknet im Asia-Laden – Thai-Basilikum ist dort ebenfalls frisch erhältlich.

1. Zwiebel, Ingwer und Knoblauch schälen und fein würfeln. Das Hähnchen waschen, trocken tupfen und in mundgerechte Stücke schneiden. In einem Topf etwas Öl erhitzen und Zwiebel, Ingwer und Knoblauch darin mit der Currypaste anbraten. Mit Kokosmilch und Brühe ablöschen und das Hähnchen dazugeben. Vom Zitronengras die welken Außenblätter und die obere, trockene Hälfte entfernen, die untere Hälfte kräftig andrücken und mit Curry- und Limettenblät- ter hinzufügen, die Sauce leicht köcheln lassen.

2. Währenddessen die Reisnudeln nach Packungsanweisung garen – das dauert meist nur wenige Minuten. Die Pilze putzen, falls nötig, trocken abreiben und der Länge nach in Streifen zupfen. Pak Choi und Zuckerschoten putzen, waschen und in mundgerechte Stücke schneiden. Pilze, Pak Choi und Zuckerschoten zur Sauce geben und alles mit Fischsauce und Limettensaft abschmecken.

3. Die Sprossen in einem Sieb abbrausen, abtropfen lassen und mit den Reisnudeln unter das Curry mischen. Die Erdnüsse im Mörser grob zermahlen und mit dem Thai-Basilikum über das Curry streuen.

BRAIN-FACTOR

Kurkuma, auch Gelbwurz genannt, ist getrocknet und zu Pulver ge- mahlen Hauptbestandteil von Currypulver. Mit seiner entzündungs- hemmenden und antioxidativen Wirkung unterstützt Kurkumin, der gelbe Farbstoff in der Wurzel, unsere Abwehrkräfte. Einige Studien deuten darauf hin, dass Kurkuma helfen kann, neurodegenerative Zustände wie Demenz und Alzheimer zu verbessern und die kogni- tive Funktion zu erhöhen. So wurde in Experimenten festgestellt, dass Kurkumin die Ablagerung von bestimmten Eiweißkomplexen (sogenannten Plaques) im Gehirn unterbindet.

Orientalisches Huhn
mit Couscous und Gemüse

Zutaten
für 2 Personen

200 g neue Kartoffeln
1 große Möhre
1 Gemüsezwiebel
2 Knoblauchzehen
1 kleine Handvoll
Trockenfrüchte
(z. B. Aprikosen, Rosinen
oder Feigen)
250 gegarte Kichererbsen
(aus dem Glas)
2 Hähnchenbrustfilets
(à ca. 120 g)
Salz, Pfeffer aus der Mühle
2 EL Baharat
(arab. Gewürzmischung)
Öl zum Braten
1 Zimtstange
1 Sternanis
300 g geschälte Tomaten
(aus der Dose)
200 ml Hühnerbrühe
2 EL Oliven (ohne Stein)
100 g Couscous
etwas gehackte Petersilie
zum Garnieren

1 Stunde 15 Minuten Zubereitung

pro Portion: 860 kcal,
57 g EW, 19 g F, 100 g KH

Eine Hommage an viele unvergessliche Urlaubstage im nahen Osten. Ich mag besonders die Aromen im Orient. Wenn Gäste kommen, können Sie das Gericht in einer Tajine, dem typischen arabischem Schmortopf, zubereiten und darin auch servieren.

1. Kartoffeln waschen, je nach Größe halbieren oder vierteln. Möhre, Zwiebel und Knoblauch schälen. Möhre in Stücke schneiden, Zwiebel und Knoblauch fein würfeln. Trockenfrüchte etwas zerkleinern. Die Kichererbsen in einem Sieb abbrausen und abtropfen lassen. Die Hähnchenbrustfilets waschen, trocken tupfen und mit Salz, Pfeffer und der Hälfte des Baharats würzen. In einer tiefen Pfanne in etwas Öl rundum anbraten. Herausnehmen und beiseitestellen.

2. Dann Zwiebel und Knoblauch in der Pfanne in etwas Öl mit übrigem Baharat, Zimt und Sternanis andünsten. Tomaten und Brühe dazugeben, alles aufkochen, Kartoffeln, Möhre, Trockenfrüchte und Kichererbsen hinzufügen. Nach Belieben noch 1 getrocknete Zitrone und/oder etwas Chilipaste hinzufügen (Vorsicht, Baharat bringt schon Schärfe mit!). Das Hähnchenfleisch dazugeben und alles mit geschlossenem Deckel bei schwacher Hitze 30 bis 40 Minuten schmoren. Dabei nach etwa 20 Minuten Garzeit die Oliven hinzufügen. Falls nötig, noch etwas Brühe dazugießen. Zimt entfernen.

3. Inzwischen den Couscous nach Packungsanweisung garen. Zum Servieren das Gemüse auf Teller verteilen, den Couscous daneben anrichten und das Fleisch daraufsetzen. Mit Petersilie bestreuen.

BRAIN-FACTOR

Geflügelfleisch wie Hähnchen und Pute liefert reichlich Niacin, das Vitamin B_3. Das benötigt jede Zelle, um Energie zu gewinnen, und erhält das Nervenkostüm. Normalerweise nehmen wir genügend Niacin mit der Ernährung auf. Doch Fieber, Infektionen oder auch längeres Fasten können schnell zu einem Mangel führen. Das kann sich in Erschöpfung, Nervosität, Kopfschmerzen, Gedächtnisverlust bis hin zu Depression bemerkbar machen.

Knusperhähnchen
mit grünem Curry und Reis

laktose frei

Zutaten
für 2 Personen

Für das Knusperhähnchen
3 EL Panko
(asiat. Paniermehl)
3 EL Quinoaflocken
2 EL helle Sesamsamen
1 TL Paprikapulver
(rosenscharf)
Salz, Pfeffer aus der Mühle
1 Ei (Größe M)
1 Hähnchenbrustfilet
(ca. 120 g)
Kokosöl zum Braten

Für das Curry
100 g Zuckerschoten
250 g Brokkoli
2 Frühlingszwiebeln
1 kleine Zucchini
1 Stängel Zitronengras
1 EL grüne Thai-Currypaste
1 EL Kokosöl
1 EL Kokosblütenzucker
150 ml Kokosmilch
1/4 l Kokoswasser
1 EL Limettensaft
1 EL Fischsauce
1 EL Kokosraspel

Außerdem
200 g gegarter Vollkornreis

50 Minuten Zubereitung

pro Portion: 640 kcal
31 g EW, 39 g F, 38 g KH

Ein grünes Curry mit milder Schärfe. Der Pfiff daran sind die knusprig gebraten Fleischstücke. Die geben Sie aber erst ganz am Ende auf das Gericht, damit sie auch knusprig bleiben. Trotz der längeren Zutatenliste ist die Zubereitung unkompliziert!

1. Für das Hähnchen Panko, Quinoaflocken, Sesam, Paprikapulver, Salz und Pfeffer in einer Schüssel mischen. Das Ei in einer Schüssel verquirlen. Hähnchen waschen, trocken tupfen und in dünne Streifen schneiden, erst im Ei, dann in der Panadenmischung wenden. Das Fleisch in einer beschichteten Pfanne in etwas Öl bei mittlerer Hitze 3 bis 4 Minuten knusprig anbraten, herausnehmen und warm halten.

2. Für das Curry die Zuckerschoten putzen, waschen und in grobe Stücke schneiden. Brokkoli putzen, waschen und in Röschen teilen. Frühlingszwiebeln putzen, waschen und in dünne Ringe schneiden. Zucchini putzen, waschen und in Scheiben schneiden. Vom Zitronengras die welken Außenblätter und die obere, trockene Hälfte entfernen, die untere Hälfte leicht andrücken.

3. Die Currypaste im Wok oder in einer tiefen Pfanne im Öl mit dem Zucker unter Rühren anbraten. Kokosmilch und -wasser dazugießen und etwas einkochen lassen. Gemüse und Zitronengras hinzufügen und alles mit geschlossenem Deckel 3 bis 4 Minuten bissfest garen. Limettensaft und Fischsauce hinzufügen, mit Kokosraspeln bestreuen. Reis und Curry auf Teller verteilen, das Hähnchen daraufsetzen.

MEIN KÜCHENTIPP
Ich gare meinen Reis gerne in Gemüsebrühe mit etwas Kurkuma und 1 getrockneten Zitrone. Das gibt dem Reis ein würziges Aroma.

BRAIN-FACTOR

Grüne Currypaste besteht bis zu 50 Prozent aus grünen Thai-Chilischoten. Ihr Schärfestoff Capsaicin verursacht das Schmerzempfinden im Mund, die Schärfe also. Es regt die Hitzerezeptoren im Mund an und sorgt für eine Ausschüttung von Endorphinen im Gehirn.

Kalbsschnitzel
mit Mozzarella überbacken

Gluten frei

Zutaten
für 2 Personen

2 große Kalbsschnitzel
(à ca. 150 g)
2 Knoblauchzehen
1 Kugel Büffelmozzarella
(125 g)
3 EL Olivenöl
300 g passierte Tomaten
(aus dem Glas)
Salz, Pfeffer aus der Mühle
3 EL Kapern (in Lake)
etwas Oregano
(frisch oder getr.)

30 Minuten Zubereitung

pro Portion: 470 kcal,
44 g EW, 30 g F, 5 g KH

Wenn es mal schnell gehen muss oder wenn Gäste kommen, ist dieses Gericht ideal, weil man alles in der kalten Pfanne vorbereiten kann und das Zubereiten nur wenige Minuten dauert. Als Beilage eignen sich Bandnudeln oder blanchierter Brokkoli.

1. Die Schnitzel mit dem Plattierer flach klopfen und dann halbieren. Die Knoblauchzehen schälen und in dünne Scheiben schneiden. Den Mozzarella in Scheiben schneiden.

2. In einer großen Pfanne mit Deckel, in der alle Schnitzel Platz haben (wenn sie leicht überlappen, macht das nichts), das Öl mit dem Knoblauch verteilen. Die Schnitzel nebeneinander darauflegen und mit den passierten Tomaten bedecken. Salzen, pfeffern, mit den abgetropften Kapern bestreuen und großzügig mit Oregano würzen. Zuletzt die Mozzarellascheiben darauf verteilen.

3. Anschließend die Pfanne mit geschlossenem Deckel stark erhitzen. Sobald die Tomatensauce zu kochen beginnt, die Hitze reduzieren und alles bei schwacher Hitze noch 4 bis 5 Minuten leicht köcheln lassen, bis der Käse geschmolzen ist. Mit Pfeffer bestreut servieren. Dazu passt gedünsteter Brokkoli.

BRAIN-FACTOR

Im Mittelmeerraum werden Kapern seit Jahrtausenden als Heilmittel sehr geschätzt. Zu Recht! Die in Essig, Öl oder Salzlake eingelegten Blütenknospen von Kapernsträuchern wirken verdauungsfördernd, appetitanregend und antioxidativ. Neben ihrer blutdrucksenkenden und antientzündlichen Wirkung sollen sie sogar Krebs vorbeugen. Das wird dem reichlich enthaltenen Pflanzenstoff Rubin aus der Gruppe der Flavonoide zugeschrieben.

Hamburger
mit fruchtig-scharfem Belag

Zutaten
für 2 Personen

300 g mageres Rinder-
hackfleisch
Salz, Pfeffer aus der Mühle
1 TL Räucherpaprikapulver
Öl zum Braten
1 TL Harissa
(marokkan. Chilipaste)
2 EL Magerquark
2 EL Mayonnaise
1/2 Mango
1/2 Avocado
1/2 Zwiebel
2 Salatblätter
2 Vollkorn- oder Dinkel-
brötchen

30 Minuten Zubereitung

pro Portion: 830 kcal,
42 g EW, 55 g F, 38 g KH

Ich liebe Hamburger! Nicht in Papier gewickelt oder in Kartons verpackt, sondern nach Lust und Laune selbst belegt! Die süße Mango, die leichte Schärfe der Harissa-Paste und die cremige Avocado bringen Sie direkt in den siebten Burger-Himmel!

1. Für die Burger das Hackfleisch mit Salz, Pfeffer und Paprika-pulver würzen. (Sie können nach Belieben noch weitere Gewürze dazugeben.) Aus der Masse mit angefeuchteten Händen 2 Kugeln formen und etwas flach drücken. In einer beschichteten Pfanne etwas Öl erhitzen und die Patties darin bei mittlerer Hitze unter Wenden auf jeder Seite braten. Herausnehmen und warm halten.

2. Inzwischen Harissa mit Quark und Mayonnaise gut verrühren. Die Sauce mit Salz und Pfeffer würzen. Die Mango schälen, falls nötig, vom Stein schneiden und in Streifen teilen. Die Avocado hal-bieren, entkernen, schälen und in Scheiben schneiden. Die Zwiebel schälen und in dünne Halbringe schneiden. Die Salatblätter waschen und trocken tupfen.

3. Die Brötchen halbieren und nach Geschmack kurz rösten. Alle Zutaten auf den Tisch stellen, sodass sich jeder seinen Hamburger selbst nach Wunsch belegen kann.

MEIN KÜCHENTIPP:
Wer es weniger scharf mag, ersetzt die Harissa-Paste durch Ajvar, eine milde Paprikapaste.

BRAIN-FACTOR

Vollkornbrot oder -brötchen enthalten komplexe Kohlenhydrate. Diese werden nur langsam in Zuckerbausteine aufgespalten und ver-sorgen unser Gehirn über einen längeren Zeitraum mit Energie. Unser Blutzucker steigt dadurch langsamer an und das bedeutet, wir bleiben länger satt. Beim vollen Korn sind Keimling und Schale noch erhalten, das heißt, wir nehmen jede Menge Nährstoffe zu uns: B-Vitamine, Zink, Magnesium, Eisen, sekundäre Pflanzenstoffe.

Asia-Kraftbrühe
mit Steaksreifen

Zutaten
für 2 Personen

Für die Brühe
700 ml Rinderbrühe
1 Knoblauchzehe
15 g Ingwer
1 Zimtstange
1 Sternanis
1 EL Fischsauce

Für die Einlage
1 Möhre
2 Stangen Staudensellerie
3 Frühlingszwiebeln
1 Bund Koriandergrün
1 Bio-Limette
150 g Ramen-Nudeln (aus Weizen) oder Soba-Nudeln (aus einer Buchweizen-Weizen-Mischung)
300 g Rumpsteak
Salz, Pfeffer aus der Mühle

40 Minuten Zubereitung

pro Portion: 400 kcal, 41 g EW, 8 g F, 38 g KH

Eine aromatische Suppe, die satt macht, ohne schwer im Magen zu liegen. Und variabel: Nehmen Sie mal Hühner- oder Gemüsebrühe, Pak Choi, Pilze oder Sprossen. Als Einlage eignen sich auch Huhn, Fisch, Tofu, Hackbällchen oder wachsweiche Eier.

1. Die Brühe in einem Topf aufkochen. Knoblauch und Ingwer schälen, mit Zimt und Sternanis dazugeben. Alles offen knapp unter dem Siedepunkt mindestens 15 Minuten ziehen lassen, damit die Brühe die Aromen der Gewürze annehmen kann. Wer es schärfer möchte, kann noch 1 getrocknete oder frische Chilischote dazugeben.

2. Währenddessen für die Einlage Möhre putzen und schälen, Sellerie putzen und waschen, beides in etwa 1/2 cm breite Scheiben schneiden. Die Frühlingszwiebeln putzen, waschen und in dünne Ringe schneiden. Koriander waschen, trocken tupfen, die Blätter abzupfen und grob hacken. Limette heiß waschen, abtrocknen und vierteln. Nach Belieben 1 Chilischote in feine Ringe schneiden.

3. Die Nudeln nach Packungsanweisung bissfest garen, in ein Sieb abgießen und abtropfen lassen. Das Rindersteak mit Salz und Pfeffer würzen und in einer Grillpfanne ohne Fett auf jeder Seite 2 bis 3 Minuten anbraten. Herausnehmen, in dünne Streifen schneiden.

4. Sobald die Brühe ausreichend Aroma hat, Gewürze entfernen. Möhre und Sellerie hinzufügen und 3 bis 4 Minuten darin bissfest garen. Zum Servieren die Nudeln in tiefe Teller geben und mit der Brühe übergießen. Die Rindfleischstreifen dazugeben, mit Frühlingszwiebeln und Koriander bestreuen und mit der Limette servieren.

BRAIN-FACTOR

Es gibt Hinweise, dass Zimt unser Lernvermögen verbessern kann – wie Versuche mit Labormäusen an der Uni Chicago gezeigt haben. Achten Sie beim Kauf auf die Qualität: Preiswerter Cassiazimt (chinesischer Zimt) kann höhere Mengen an leberschädigendem Cumarin enthalten. Ceylonzimt wäre dagegen die bessere Wahl.

Rindfleischspieße mit
Salsa und Blumenkohlpüree

Zutaten
für 2 Personen

Für die Salsa
1 Knoblauchzehe
1/2 rote Zwiebel
1/4 Bund glatte Petersilie
1/4 Bund Koriandergrün
1 Chilischote
250 g Cocktailtomaten
1 Prise Räucherpaprika-
pulver
1 Prise Kümmelpulver
4 EL Olivenöl
1 EL Rotweinessig
1 EL Zitronensaft
Salz, Pfeffer aus der Mühle

Für die Spieße
1 Rinderhüftsteak
(ca. 300 g; ca. 3 cm dick)
Öl zum Bestreichen
Salz, Pfeffer aus der Mühle
2 Schaschlik-Holzspieße

Für das Püree
1/2 Blumenkohl (ca. 400 g)
120 ml glutenfreie Gemüsebrühe
3 Zweige Thymian
2 EL Sahne
Salz, Pfeffer aus der Mühle
frisch geriebene Muskatnuss

45 Minuten Zubereitung

pro Portion: 520 kcal,
36 g EW, 37 g F, 9 g KH

Der „Star" ist hier das Blumenkohlpüree! So cremig und mit feiner Muskatnote schlägt es jedes Kartoffelpüree um Längen. Die Salsa hält sich im Kühlschrank mehrere Tage. Um ihr Aroma zu intensivieren, können Sie noch ein Lorbeerblatt dazugeben.

1. Für die Salsa Knoblauch und Zwiebel schälen und würfeln. Die Kräuter waschen, trocken tupfen und Blätter abzupfen. Chili längs halbieren, entkernen, waschen und grob zerkleinern. Tomaten waschen und halbieren, mit Knoblauch, Zwiebel, Kräutern, Chili und übrigen Salsa-Zutaten im Mixer zu einer groben Paste verarbeiten.

2. Für die Spieße das Steak in 5 cm große Würfel schneiden. Mit Öl rundum bestreichen, salzen, pfeffern und auf die Spieße stecken.

3. Für das Püree den Blumenkohl putzen, waschen und in Röschen teilen. Strunk schälen, grob würfeln und in der Brühe 5 bis 8 Minuten garen. Dann Blumenkohlröschen dazugeben, noch 5 Minuten garen. Thymian waschen, trocken tupfen, Blätter abzupfen und hacken. Den Blumenkohl abseihen, dabei etwas Kochsud auffangen. Blumenkohl mit Sahne im Mixer oder mit einem Kartoffelstampfer zu Püree verarbeiten. Falls nötig, etwas aufgefangenen Sud dazugeben. Mit Salz, Pfeffer, Muskatnuss und Thymian würzen, warm halten.

4. Die Spieße auf dem Grill oder in der Pfanne 6 bis 8 Minuten rundum braten, dabei wenden. Dann mit Salsa und Püree servieren.

BRAIN-FACTOR

Blumenkohl sieht nicht nur aus wie ein Gehirn, er sorgt auch für ein starkes Hirn. Das Gemüse steckt voller Vitamin K, das entzündungshemmende und antioxidative Kraft hat. Das fettlösliche Vitamin schützt das Gehirn vor freien Radikalen, die die grauen Zellen schädigen und Alzheimer, Parkinson und mehr verursachen können. Eine ausreichende Vitamin-K-Versorgung unterstützt die Gehirnfunktion und Gedächtnisleistung, wie Wissenschaftler in einer Studie an der Universität Montreal bei über 70 Jahre alten Probanden feststellten.

Lammlachse
mit Tomatenreis und Feta

Gluten frei

Zutaten
für 2 Personen

200 g passierte Tomaten
(aus dem Glas)
200 ml glutenfreie Gemüsebrühe
180 g Langkornreis
2 Lammlachse
(à ca. 150 g)
Salz, Pfeffer aus der Mühle
Öl zum Braten
1 Knoblauchzehe
2 Zweige Rosmarin
100 g Rucola
2 Frühlingszwiebeln
125 g Feta (Schafskäse)

40 Minuten Zubereitung

pro Portion: 800 kcal,
49 g EW, 30 g F, 78 g KH

Hier wird der Reis direkt in der Tomatensauce gegart und kommt darum besonders saftig und farbenfroh daher! Dieses mediterrane Gericht braucht nur wenige Zutaten und ist einfach in der Zubereitung.

1. Für den Tomatenreis die passierten Tomaten mit der Brühe aufkochen und den Reis darin mit geschlossenem Deckel bei mittlerer Hitze weich garen. Damit der Reis nicht anbrennt, regelmäßig umrühren und, falls nötig, noch etwas Brühe dazugeben.

2. Für die Lammlachse inzwischen den Backofen auf 80 °C vorheizen. Das Fleisch rundum mit Salz und Pfeffer würzen und in einer Pfanne in etwas Öl auf jeder Seite 2 bis 3 Minuten scharf anbraten. Die Knoblauchzehe schälen und andrücken. Das Fleisch mit Rosmarin und Knoblauch in Alufolie wickeln und im Ofen auf der mittleren Schiene 5 bis 10 Minuten gar ziehen lassen.

3. Inzwischen den Rucola verlesen, waschen und trocken tupfen. Die Frühlingszwiebeln putzen, waschen und in dünne Ringe schneiden. Feta zerbröckeln. Fleisch aus dem Ofen nehmen, aus der Folie wickeln und in Tranchen schneiden. Den ausgetretenen Fleischsaft aufbewahren. Reis salzen und pfeffern, mit dem Rucola auf Teller verteilen, das Fleisch daraufsetzen und mit dem ausgetretenen Fleischsaft beträufeln. Mit Frühlingszwiebeln und Feta bestreut servieren. Dazu passt ein Joghurtdip mit Kräutern und Knoblauch.

BRAIN-FACTOR

Neben hochwertigem Protein und Eisen liefert mageres Lammfleisch alle B-Vitamine – vor allem B_{12}. Dieses Vitamin unterstützt die Blutbildung, die Funktion unseres Nervensystems und des Magen-Darm-Trakts. Bei einem Vitamin-B_{12}-Mangel treten möglicherweise neurologische Störungen auf. Unser Gedächtnis und auch unsere Urteilsfähigkeit können leiden. Auch mit Demenz und Depressionen wird Vitamin-B_{12}-Mangel in Verbindung gebracht. Vor allem Ältere und Veganer können von so einem Mangel betroffen sein.

Was zum Knabbern

Vor mir ist eigentlich keine Chipstüte sicher. So sehr ich diese Junk-Snacks liebe, so sehr verfluche ich sie oft. Aber es gibt Alternativen zu den fettigen Kalorienbomben: „Basteln" Sie sich Ihr eigenes, gesundes Knabberzeug. Hier Ideen, die ohne schlechtes Gewissen mindestens genauso süchtig machen.

Geröstete Kichererbsen

Zutaten für 4 Personen: Backblech mit Backpapier belegen. 250 g gegarte Kichererbsen (aus dem Glas) in einem Sieb abbrausen, abtropfen lassen und trocken tupfen. Mit 1 EL flüssigem Kokosöl, 3 TL Lieblingsgewürzen (z. B. Paprikapulver, Cayennepfeffer, Meersalz, Chiliflocken, Kümmel-, Fenchelpulver) mischen. Auf dem Blech verteilen, im Backofen 180 °C (Umluft) auf der mittleren Schiene 30 Minuten goldbraun rösten.

5 Minuten Zubereitung
+ 30 Minuten Backen
pro Portion: 110 kcal,
5 g EW, 4 g F, 12 g KH

Honig-Rosmarin-Mandeln

Zutaten für 6 Personen: Backblech mit Backpapier belegen. 1 EL Honig, 1 TL braunen Zucker, 1/2 TL Salz und 1 TL gehackte Rosmarinnadeln verrühren. 250 g blanchierte Mandeln untermischen und auf dem Blech verteilen. Im Backofen 150 °C (Umluft) auf der mittleren Schiene 15 bis 20 Minuten goldbraun rösten. Dabei nach 10 Minuten durchrühren. Herausnehmen und abkühlen lassen. Klappt auch mit einem Nussmix!

5 Minuten Zubereitung
+ 20 Minuten Backen
pro Portion: 270 kcal,
10 g EW, 22 g F, 6 g KH

Kokoschips mit Curry und Paprika

Zutaten für 6 Personen: Backblech mit Backpapier belegen. 1 Kokosnuss an-bohren, das Kokoswasser abgießen, Nuss öffnen und ca. 400 g Fruchtfleisch auslösen. Mit dem Sparschäler dünn hobeln, mit 1 TL Currypulver, 1 TL Pap-rikapulver (edelsüß), 1/2 TL Zucker und 1/2 TL Salz würzen. Auf dem Blech ver-teilen und im Backofen 170 °C (Umluft) auf der mittleren Schiene 10 bis 12 Mi-nuten rösten. Herausnehmen.

**25 Minuten Zubereitung
+ 12 Minuten Backen
pro Portion: 180 kcal,
2 g EW, 17 g F, 3 g KH**

Leinsamen-Cracker

Zutaten für 8 Personen: Backofen auf 180 °C vorheizen. Ein Backblech mit Backpapier belegen. 80 g geschroteten Leinsamen, 1 EL Kokosmehl und 120 ml Wasser verrühren, 20 bis 30 Minuten quellen lassen. 1 TL Chiasamen, 1 EL Kokosöl, 1 EL helle Sesamsamen, je 1 EL Sonnenblumen- und Kürbiskerne, 1 Msp. Weinsteinbackpulver, 1/2 TL Kur-kumapulver, 1/4 TL Zwiebelpulver, 1 Prise Pfeffer aus der Mühle und 1/2 TL Salz untermischen. Bei Bedarf noch etwas Kokosmehl hinzufügen. Die Häufchen nebeneinander aufs Blech setzen, flach drücken. Im Ofen auf der mittleren Schie-ne 20 bis 25 Minuten auf Sicht backen. Herausnehmen und abkühlen lassen.

**10 Minuten Zubereitung + 30 Minuten
Quellen + 25 Minuten Backen
pro Portion: 90 kcal,
4 g EW; 7 g F, 2 g KH**

Gluten frei · Laktose frei · Vegan

Gluten frei · Laktose frei · Vegan

Register

Dank:
Liebe Mam, das Buch ist für Dich :-*
Danke lieber Hans Scherer für den Anfang
von allem und Danke, liebe Karin, für Deine
Arbeit und Inspiration!

Dennis Wilms
Abitur, Akademie für Publizistik, Volontariat
beim Radio, Wechsel zum Fernsehen, Dreh-
buchautor, Kolumnist für die BILD-Zeitung,
Buchautor. Dennis Wilms hat viel gemacht,
viel probiert, viel Erfolg. Seine Fans erinnern
sich gern daran, wie er den „Tigerenten Club"
moderierte. Heute schätzt man den gebürti-
gen Kieler als Gesicht der Formate „Planet
Wissen", „[W] wie Wissen", „odysso" in den
dritten Programmen der ARD und im Ersten.
Dort nimmt er auch regelmäßig das Thema
Ernährung unter die Lupe.

© 2018 ZS Verlag GmbH
Kaiserstraße 14 b | D-80801 München

ISBN 978-3-89883-813-9
2. Auflage 2019

Projektleitung: Raffaela Niermann
Rezepte: Karin Stöhr, Dennis Wilms, Martina Kittler
Texte: Dennis Wilms
Lektorat: Kathrin Gritschneder
Grafische Gestaltung: ZERO Werbeagentur, München
Satz: Christopher Hammond, Georg Feigl
Coverfoto und Portraitfotografie: Sebastian Weimar
Foodfotografie: Mathias Neubauer
Foodstyling: Manuel Weyer / Culinary Art
Herstellung: Frank Jansen
Producing: Jan Russok
Druck & Bindung: optimal media GmbH, Röbel

Die Temperaturen für den Backofen beziehen
sich, wenn nicht anders erwähnt, auf die Ein-
stellung Ober- und Unterhitze.

Kurze Wege schonen die Umwelt
Dieses Buch wurde in Deutschland gedruckt

Die ZS Verlag GmbH ist ein Unternehmen der Edel AG, Hamburg.
www.zsverlag.de | www.facebook.com/zsverlag